DANS LES COULISSES
DU GIGN

Daniel Cerdan

DANS LES COULISSES DU GIGN

Témoignage

calmann-lévy

ISBN 978-2-7021-4105-2

À mes parents,
À mes enfants, Émilie et Olivier,
À Flo.

« L'ordre, et l'ordre seul,
fait en définitive la liberté… »

Charles PÉGUY

Préface

Massif du Mont-Blanc, mars 1984. Le froid pique de partout. L'Alouette III *Juliet Bravo Lima*, la « vieille dame » (plus de quinze mille heures de vol et plusieurs milliers de personnes secourues), vient de poser la dernière équipe du GIGN sur le glacier des Améthystes, au débouché du col d'Argentière.

La lumière inonde les paysages grandioses et le groupe s'élance à flanc de montagne. L'effort est intense, parfois désordonné, la maîtrise des skis de randonnée n'est pas acquise par une majorité de « raiders ». Au bout d'une heure, nous arrêtons la progression, figés par la beauté du site. Sur notre gauche, la face nord des Droites et de la Verte.

Le silence est brisé d'un seul coup par un rugissement de moteurs en pleine accélération, doublé d'un commentaire digne des grands prix de Formule 1. Le groupe est médusé, hilare, et assiste pendant plusieurs minutes à la plus improbable des courses automobiles.

Présent au GIGN depuis près de deux ans, je découvre alors un peu plus la personnalité riche et haute en couleur de Daniel Cerdan, dit « Marcel ». Habile dans toutes les disciplines qui fondent le « cœur de métier » de l'unité – le tir, l'escalade ou le parachutisme –, Daniel est aussi capable de déclencher les rires du plus bourru des gendarmes.

En reprenant notre descente vers la vallée de Chamonix, je ne peux m'empêcher de penser à Frison-Roche, à ses écrits, son engagement total dans la lutte armée pour la libération de la France, mais aussi au reporter de la première émission radiophonique au sommet du Mont-Blanc en 1932.

Que de points communs, de valeurs partagées avec les gendarmes du GIGN !

« En bas, tu n'aurais peut-être pas cru, tandis qu'ici… Ici, on ne peut pas mentir ! On ne ment jamais en haute montagne. » Au GIGN, non plus !

Après cet épisode, Daniel allait devenir l'un de mes compagnons de route privilégiés. Non par quelque avantage supplémentaire acquis naturellement par cette proximité, mais juste parce que commander un groupe tel que le GIGN exige de ne pas entrer dans l'entonnoir de la solitude. Le partage au quotidien, au-delà des opérations et de l'entraînement « technique », de moments d'humanité simples et joyeux a toujours été une constante de nos relations.

Le mensonge fut un thème récurrent de nos discussions passionnées. Mensonge à soi-même surtout : « Suis-je à la hauteur de ma mission ? Tel camarade l'est-il encore ; ne devrait-il pas être guidé vers la porte de sortie ? » Perfectionniste en diable, soucieux de toute attitude, parole ou écrit pouvant écorner l'image du groupe ou la sienne propre, Daniel a toujours voulu que se rejoignent le fond et la forme.

Il est l'un de mes rares frères d'armes à avoir pleinement réussi le passage du GIGN à une gendarmerie plus « formatée » mais si présente et nécessaire à la République. Des générations de gardes républicains, de gendarmes et militaires de pays francophones amis, de fonctionnaires de ministères prestigieux ont pu ainsi goûter à la « méthode » de Daniel, faite d'engagement, de rigueur et d'optimisme.

Nous partagerons encore longtemps, je l'espère, les mots de Goethe : « Seul est digne de la vie celui qui chaque jour part pour elle au combat. »

Île d'Yeu, le 1er juin 2010

Philippe Legorjus
Entré au GIGN en 1982,
commandant du Groupe
de 1985 à 1989.

1

De Picasso à De Gaulle

Juché sur le toit de la grange, j'admire, émerveillé, le défilé grandeur nature des soldats de plomb de mon enfance. Trois jours plus tôt, la voix de Georges Pompidou résonnait gravement dans le poste : « Françaises, Français, le général de Gaulle est mort. La France est veuve. » Nous sommes le 10 novembre 1970. Le héros du 18 Juin venait, la veille, de rendre son dernier soupir. Entre les murs de notre pavillon de Béthune, le temps s'est figé sous une chape de tristesse. Seuls certains souvenirs parviennent à filtrer. L'Algérie, d'abord, où je vois le jour le 21 mai 1953. L'exploitation agricole, ensuite ; elle fait vivre la famille à la sueur de mon père, Joseph, employé comme garçon de ferme. Le soleil, fidèle résident du ciel de Mercier-Lacombe, à une quarantaine de kilomètres de Sidi Bel Abbès, sous lequel nous nous épanouissons, mon frère Jean-Paul et moi. Puis, les valises, les adieux et la traversée de la Méditerranée pour la promesse d'une vie meilleure. En effet, nous avons eu la chance de pouvoir nous installer en France peu avant ce que l'on a nommé pudiquement « les événements ».

C'est pourquoi l'étiquette de « rapatriés » n'a jamais encombré mes parents. Bien au contraire. Ils ont toujours su gré au premier président de la Ve République de leur avoir permis de changer de vie. Comme on s'élance vers un destin providentiel, abandonnant une vie de labeur sans perspectives d'avenir.

Aussi, c'est dans le culte du Général, avec un grand respect pour l'homme, son intégrité et ses combats politiques, que nous avons grandi. Si, du haut de mes dix-sept ans, les résultats de football m'inspirent davantage que les débats politiques, ce jour-là, l'émotion de mes parents me touche droit au cœur.

Compagnie de transport offre allers-retours gratuits pour Colombey-les-Deux-Églises. À la vue de cet entrefilet, mon père interrompt sa sacro-sainte lecture de *La Voix du Nord*. Rassemblement de la famille au salon ! Intuition féminine oblige, ma mère, la première, décline la proposition. Joseph ne tarde pas à l'imiter, usé par les déplacements professionnels. D'un regard, Jean-Paul et moi, nous nous comprenons :

« Chiche ?

– Chiche ! »

C'est d'accord, nous représenterons modestement la famille Cerdan aux obsèques du Général.

Le temps de parlementer avec le patron de l'entreprise, submergé par le succès de son offre, nous gagnons la gare routière. Combien de fois avais-je vu s'ébranler ces monstres de tôle sans jamais prendre part au voyage ? Aujourd'hui, c'était mon tour. Mieux, j'avais rendez-vous avec l'Histoire. Cheveux gominés, chaussures cirées et imperméables croisés, tels deux jeunes lords dans le petit matin du Pas-de-Calais, nous embarquons à bord d'un engin d'un autre âge. Plus proche du panier à salade que du carrosse de Buckingham Palace. Qu'importe. Parmi une trentaine de privilégiés, nous prenons place sur nos strapontins : preuve que la négociation avait été rude ! Presque autant que les planches à peine capitonnées sur lesquelles nous nous asseyons. C'est parti pour cinq heures de « tape-fesses ». Malgré notre différence d'âge – nous étions de loin les benjamins – Jean-Paul et moi sommes vite gagnés par le recueillement des passagers. Si, sous nos chandails, nos cœurs impatients battent la chamade, nous respectons le silence ambiant.

Lorsque le bus nous libère, une marée humaine, au murmure ininterrompu, nous happe littéralement. Le choc. La petite ville de Colombey est prise d'assaut. Pas un trottoir, pas une ruelle n'échappent à cet ultime hommage des Français à « leur » général. Jusque dans les arbres, ses admirateurs se sont hissés pour apercevoir sa dépouille. Recouverte d'un drapeau tricolore, elle s'apprête à quitter sa propriété de La Boisserie pour rallier l'église par l'artère principale. Où trouver ma place pour l'accompagner du regard lors de ce dernier voyage ? Pourquoi pas le toit de cette grange ? Aussitôt repérée, aussitôt escaladée. Du haut de ma vigie improvisée, la vue se révèle imprenable. Et quelle vue ! À mes pieds, la foule grise se presse derrière les barricades. Plus loin, je distingue le liseré rouge des gardes républicains en grande tenue. J'étais loin de me douter que j'en prendrais le commandement trente et un ans plus tard… Une clameur sourde s'élève crescendo du bitume. Les grilles de la résidence du président défunt viennent de s'ouvrir au passage du blindé qui transporte son cercueil. Tandis que les gendarmes mobiles assurent le jalonnement, les trois armées ouvrent la marche. Mon cœur s'emballe. Bercé par les récits d'un père promis à une belle carrière sous les drapeaux, finalement sacrifiée aux obligations familiales, l'uniforme me fascine depuis toujours. Il symbolise la promesse d'une vie rythmée par l'aventure, diablement captivante. Je repense alors à tous ces bataillons de figurines qui enthousiasmaient le petit garçon que je suis encore sûrement, sous les rameaux du sapin de Noël. Les voici désormais se mouvant sous mes yeux. Vêtus de leurs plus beaux atours, magnifiés par la solennité des circonstances, ces hommes viennent de déclencher ma vocation : plus tard, je serai soldat ! Chevalier des temps modernes, au service de mon pays, selon l'exemple de celui que tant de Français pleurent aujourd'hui.

Chaque matin, à l'époque, j'empruntais la passerelle qui surplombe la gare de Béthune pour me rendre au collège. Sous mes yeux, des convois se déployaient vers des destinations inconnues et forcément enchanteresses. Un jour, c'est sûr, je ne resterais plus planté, immobile, au-dessus des quais.

Le murmure de la foule s'évanouit. Il laisse place aux seuls claquements des bottes sur le pavé. De temps à autre, des sanglots étouffés déchirent le silence. L'émotion est palpable. Tandis que le convoi s'immobilise devant l'église, l'assemblée se disperse sur le parvis. L'occasion de deviner les silhouettes de célèbres représentants de l'État, M. Malraux, ministre de la Culture, en tête. Incroyable : je touche l'Histoire du bout des yeux.

Conformément aux dernières volontés du Général, la suite de la cérémonie se déroule dans l'intimité. Il a choisi de reposer dans l'anonymat du petit cimetière de Colombey, auprès de sa fille Anne, prématurément disparue.

Malgré la cohue, je retrouve mon frère aisément. Nous savons bien tous les deux que sa sépulture nous sera interdite. Et pourtant… Comment regagner notre autocar sans un dernier au revoir ? Nous marchons un temps dans les rues, attendant que les proches du Général quittent la place. Seul un gendarme est posté en faction devant l'entrée. La nuit est tombée. Pas à pas, nous progressons dans le sillage d'une famille marseillaise, déterminée à ne pas regagner la Canebière sans un ultime hommage :

« Désolé, messieurs-dames, on ne passe pas.

– Monsieur l'agent, nous venons de parcourir six cents kilomètres. S'il vous plaît, laissez-nous déposer nos fleurs. Nous partirons immédiatement, c'est promis !

– Allez, c'est bon. Mais ne vous attardez pas ! »

Profitant de la bienveillance providentielle de la maréchaussée, Jean-Paul et moi emboîtons le pas de ces admirateurs à l'accent manifestement convaincant. Un dernier salut. Une immense pensée vers nos parents. Nous remontons dans le bus avec la satisfaction du devoir accompli. Je n'avais jamais approché mon rêve d'aussi près. Il s'agissait désormais de le transformer en réalité.

Si les trois coups de ma destinée venaient d'être frappés au rythme cadencé du cortège funéraire, c'est dans un jardin de Vallauris que ma vocation a sans doute germé. Celui de M. et Mme Nicolas. Chers mamie et papy Nicolas ! En nous ouvrant leurs cœurs, comme les grilles de leur vaste demeure provençale, ils ont enchanté notre enfance ; nous n'avons pas eu le bonheur en effet de connaître nos « vrais » grands-parents.

Mon père venait d'être embauché comme contremaître dans l'usine de fer forgé qu'ils dirigeaient. Avantage non négligeable, son poste donnait droit à un logement de fonction, non loin de la fabrique. Quant à maman, elle ne tarda pas à devenir leur gouvernante, tout en officiant, le week-end, dans le magasin de l'usine. Ces sept ans dans la cité du peintre Picasso – je n'étais pas peu fier de fréquenter le même coiffeur que lui ! – furent vécus dans une insouciance et un confort inespérés, compte tenu de notre modeste condition. À quelques mètres de l'appartement, mon frère et moi avions annexé à nos territoires de jeux le jardin merveilleux des époux Nicolas. Avec leur bénédiction, bien entendu. Des heures durant, nous jouions au gendarme et au voleur. Brandissant ma mitraillette en bois, je poursuivais Jean-Paul en hurlant. Puis, tapi près du bassin en briques rouges, je le guettais sans respirer, à l'occasion d'une embuscade imaginaire. Çà et là, j'enfouissais mes trésors de guerre, fusils et pistolets bricolés à partir des planches chapardées dans la réserve à bois de mon cher Papy. Visage rond, barré d'une imposante moustache grise, cheveux plaqués en arrière, il s'était particulièrement pris d'affection pour mon frère aîné. Tous deux partageaient le goût des belles-lettres, et s'enfermaient des heures durant dans la bibliothèque. Quant à moi, je m'étais fait une place de choix dans le cœur de son épouse, conquise par mon espièglerie et mon heureux tempérament. Aussi se montrait-elle indulgente lorsque, revêtu de ma panoplie de cow-boy, j'enfourchais les accoudoirs de ses précieux canapés pour d'interminables chevauchées à la John Wayne.

Ah ! John Wayne, Gary Cooper, Spencer Tracy… Autant de visages familiers et braves que je retrouvais le dimanche, au cinéma de notre quartier, grâce à l'argent de poche dispensé avec parcimonie par ma mère. Dame de cœur aux principes éducatifs stricts, maman aurait fait un excellent gradé. Elle a su inculquer, aux petits soldats que nous étions sous sa tendre poigne, le sens de la discipline et le goût des tenues impeccables. Chaque matin, cartable sur le dos, nous subissions une inspection en règle, avant de grimper à bord de la 403 de M. Nicolas. De nos crinières peignées à nos chaussures cirées, son passage en revue n'admettait aucun laisser-aller. Puis, venait le temps du repos des guerriers, lors des veillées précédant des journées sans école. Face au poste de télévision en noir et blanc, Jean-Paul et moi nous enfoncions dans le cuir moelleux des fauteuils, en dégustant les tartines grillées au beurre et au roquefort dont papy Nicolas avait le secret. J'en ai encore l'eau à la bouche…

Mutation paternelle oblige, c'est le cœur gros que nous avons quitté la cité de Picasso pour la ville de Béthune. Sans cesse en quête d'évolution professionnelle, papa venait de décrocher un poste à responsabilité dans une fabrique de grues pelles. Un travail qui devait l'éloigner régulièrement de son foyer ; en charge de la maintenance des machines, il se déplaçait très souvent pour relancer les engins. Je lui dois certainement mon gène de la bougeotte… Ses retours se transformaient toujours en festives retrouvailles, avec projection de films en 16 millimètres qu'il réalisait lui-même pour mieux illustrer ses récits. Sans oublier la distribution des cadeaux tant attendue !

Entre la Côte d'Azur et le Pas-de-Calais, la transition paraît un peu rude. Or, dans la poitrine de chaque rapatrié d'Afrique du Nord palpite, pour la vie, un cœur de nomade. C'est donc sans doute par atavisme que je savais que la première semaine serait la plus délicate. Certes, notre charmant pavillon – décliné par dizaines dans ce lotissement – disposait d'un standing bien supérieur à celui de notre ancien appartement. À la périphérie de terrains vagues truffés de marais, il offrait à mes jeux de préadolescent la perspective de nouvelles explorations. Transformé en chasseur de tritons et de salamandres, je pris vite un malin plaisir à les laisser mariner dans la baignoire, guettant les cris d'orfraie de ma pauvre mère. C'est elle qui gérait la maisonnée de main de maître, tandis que son époux gagnait l'argent du foyer sans ménager sa peine ni économiser les kilomètres. Quelques fois même, le martinet claquait ! Je compris une bonne fois pour toutes qu'il me fallait renoncer à en arracher les lanières en secret, le jour où son manche, totalement dénudé, rebondit sur mes pauvres fesses…

Dissipé, mais toujours poli, je connus une scolarité plutôt sereine. Contrairement à mon frère, mes notes me garantissaient rarement une inscription au tableau d'honneur. Cependant, j'avais compris comment conquérir la sympathie de mes professeurs. Notamment grâce à quatre mots magiques, dont je saurais me souvenir toute ma vie : bonjour, au revoir, s'il vous plaît et merci. Merci, maman !

Si mon investissement dans les salles de classe se limite au strict minimum, il est un domaine où, en revanche, je me livre sans compter : le stade de foot. Situé à quelques enjambées de la maison, je devais le fréquenter assidûment jusqu'à ma majorité. Le sport a toujours représenté une activité indispensable à mon équilibre. J'ai très tôt ressenti le besoin de canaliser mon trop-plein d'énergie. Sur les pelouses ou les terrains de basket, je cavale avec ardeur, rêvant d'accéder au trône du roi Raymond Kopa, héros du Stade de Reims. Rapide, agile, j'occupe le poste d'avant-centre, dans l'équipe de la MJC Béthune. J'y resterai fidèle plus de dix ans, cultivant en son sein mon esprit de camaraderie.

De retour de Colombey, mes compagnons de jeux eurent la primeur du récit de mon épopée. Mimant les gendarmes mobiles déployés sur le pavé, je me mets, pour un court instant, dans la peau de ces gladiateurs derrière leurs boucliers. Mes proches ne sont guère surpris de ma fascination pour l'habit militaire. Depuis quelque temps déjà, je leur ai confié mon intention d'intégrer la Grande Muette.

Deux ans plus tard, je me rends donc avec enthousiasme à Cambrai, pour effectuer mes « trois jours » préalables au service national. Propulsé dans une chambrée de soixante-dix garnements, meublée de lits superposés, je me sens tout de suite dans mon élément. Les plaisanteries, la convivialité : cette ambiance de colonie de vacances me séduit à jamais. Adieu devoirs interminables et interrogations au tableau noir, me voici chez les aventuriers du monde contemporain. Avec la ferme intention d'y rester !

« Cerdan, que voulez-vous faire dans la vie ?

– Moi ? Parachutiste, au régiment parachutiste d'infanterie de marine de Madagascar. Parce que c'est le meilleur, mon adjudant ! »

Si j'en juge par le regard interdit de mon interlocuteur, mon dessein ne fait pas l'unanimité. Une intuition confirmée lorsque je décachette la lettre de mon affectation : je suis muté au centre d'instruction du service du matériel n° 1 de… Montluçon. Comme rampe de lancement, on pouvait espérer mieux. Au lieu de m'élancer au-dessus de l'océan Indien, avant de progresser au coupe-coupe dans la moiteur des forêts primaires, je me retrouve sous la tôle d'un hangar-atelier, dans les relents de kérosène, au fin fond de l'Allier. Il me faut songer à réaiguiller mon destin vitesse grand V.

Après deux mois d'instruction, j'entame une formation d'élèves gradés. Nommé maréchal des logis, je mets alors le cap sur Dax, où mes compétences en chaudronnerie ont séduit les responsables de la cellule « hélicoptère ». Peu à peu, je m'approche du grand bleu… Mais toujours désespérément sur la terre ferme. Le temps me semble de plus en plus long. C'est ainsi que l'idée d'intégrer la gendarmerie jaillit sous mon béret. À l'époque, je porte des moustaches. Aussi, lorsque je fais part de mes aspirations à mon commandant, il réplique aussitôt : « Vous avez tout à fait raison. Avec vos bacchantes, la tenue vous ira comme un gant ! »

2

Criquet ou moblot ?

Une semaine après avoir quitté la Grande Muette, j'embarque à bord d'un tortillard qui sillonne la campagne en grinçant, direction la bonne ville de Châtellerault et sa célèbre école de gendarmerie. Tous les quatre mois, elle accueille de nouvelles recrues et libère simultanément une compagnie fin prête pour la vie active.

Huit mois – pas un de plus ! – pour décrocher le légendaire képi. En appui sur le marchepied, je m'élance donc vers ma nouvelle destinée.

Mes années au sein de l'armée constituent sans nul doute un atout dans mon paquetage d'apprenti gendarme. Malgré tout, je me garde de toute fanfaronnade. Au fur et à mesure de l'arrivée des trains, mes futurs camarades se massent au bord des voies. Des grands, des petits, des moyens : une troupe hétéroclite croît et se multiplie sous mes yeux. Au total, nous serons près de cent dix à venir tenter notre chance. Dans un joyeux brouhaha, des jeunes gens tout juste dégagés de leurs obligations militaires côtoient d'anciens soldats qui, comme moi, souhaitent changer de braquet en incorporant la gendarmerie. En les observant discrètement, je me place doucement mais sûrement dans les starting-blocks : la compétition peut commencer. Selon le principe du concours, les mieux classés choisiront en priorité leur affectation. Que le meilleur gagne !

À défaut de starter, la voix de stentor d'un « aboyeur en chef » plutôt rondouillard donne le coup d'envoi :

« Allez, les gars, vous montez dans le bus ! Et on se dépêche ! »

L'accueil glacial de notre gradé, reconverti en « vilain organisateur », nous plonge très concrètement dans cette nouvelle réalité : nous ne sommes pas là pour rigoler ! Les blagues de potaches sont restées sur le quai. Seul le ronronnement du moteur accompagne nos pensées un tantinet inquiètes.

La caserne de Châtellerault regroupe de nombreuses compagnies, identifiées par une couleur particulière afin de renforcer la cohésion entre les hommes. L'harmonie chromatique ainsi créée est d'ailleurs du plus bel effet lors des grands rassemblements.

Après le sempiternel discours du capitaine, nous sommes invités à nous répartir en trois pelotons. Vient l'heure de la distribution du matériel. Les bras tendus, j'avance, non sans émotion, vers cette première étape de mon adoubement. Le responsable des équipements y dépose sans ménagement un pantalon en toile de jute – urticant à souhait ! –, une chemise beige ainsi que l'incontournable treillis, obligatoire pour l'enseignement des techniques de combat. Sans oublier, cerise sur le gâteau, le calot ! En attendant le couvre-chef officiel qui nous sera remis en fin de stage, à l'occasion d'une cérémonie prestigieuse.

Après l'appel, nous partons découvrir les dortoirs.

Tous les bâtiments, fraîchement rénovés, confèrent à la caserne une atmosphère engageante et dynamique. Avec sept de mes condisciples, je rejoins le mien, particulièrement en retrait. Et pour cause : lui seul n'a pas bénéficié d'un coup de pinceau. Quelle ne fut pas ma surprise de lire sur la porte d'entrée : *Chef de chambre : élève gendarme Cerdan.* Une

« promotion » inattendue que je devais sans doute à mon expérience du commandement au sein de l'armée. Élevé à l'époque au grade de maréchal des logis, je suis considéré comme sous-officier dans la gendarmerie.

Un sol en pavé ciré, des toilettes à la turque closes par un ersatz de porte pour garantir un semblant d'intimité, l'ambiance s'avère plutôt spartiate. Or, qui a déjà goûté au confort des chambrées militaires avec leurs enfilades de paillasses superposées comprendra que ce « *home sweet home* », meublé de seulement huit lits, relève pour moi du cinq étoiles ! Dans l'espace qui m'est imparti, je fixe au mur les photographies qui ne me quittent jamais. Parmi elles, celle d'un aéroplane de type Transall, destiné au largage des bataillons parachutistes. Ainsi, au-dessus de mon oreiller, il veillera sur mes rêves les plus secrets.

Au sortir de cette école, deux chemins s'offraient à moi : celui de la gendarmerie départementale ou celui de la gendarmerie mobile. Respectivement, en jargon de la maréchaussée, les « criquets » et les « moblots ». Répartis sur toute la France, dans plus de quatre mille six cents unités, les premiers mènent les enquêtes judiciaires et gèrent la sécurité routière. Reconnaissables à leurs chevrons blancs, ils représentent plus de soixante mille personnels. Les seconds, parés de leurs galons jaunes, sont affectés au maintien de l'ordre, au sein de cent vingt-sept escadrons. En cas de menace à l'ordre public, ils constituent une force de réserve opérationnelle, envoyée en renfort auprès des unités départementales. Au total, ils comptent près de seize mille hommes, en déplacement la moitié de l'année sur le sol métropolitain comme dans les DOM-TOM.

Lorsque je passe la première fois la grille de la caserne, je n'ai encore pas arrêté mon choix. Au fil des semaines, il finira par s'imposer : ce sera la gendarmerie mobile. L'action, les déplacements, la collectivité – les escadrons comptent près de cent vingt hommes, contre une demi-douzaine pour une brigade départementale –, autant d'éléments susceptibles d'étancher ma soif d'aventure. Ma décision est sans appel.

Encore me faut-il obtenir un classement correct pour cocher, sur la carte de France, le cantonnement désiré. Dans cette perspective, ma bonne étoile me guide sur la route d'un certain Christian Baffert. Élève gendarme également, il ne semble pas être venu pour faire de la figuration. Sous des allures débonnaires, se cache un jeune homme brillant, déterminé à passer par la grande porte pour entamer sa carrière. Ses efforts furent récompensés puisqu'il sortit major de notre promotion. Mû par les mêmes ambitions, je décide de lui emboîter le pas sur le chemin des révisions. Durant les quatre premiers mois, tandis que nos camarades s'étourdissent le samedi soir dans les boîtes, nous relisons, toujours et encore, nos leçons.

Au quotidien, le rythme de vie de la caserne s'apparente à la cadence d'une marche militaire : précis et répétitif. Lever à six heures au son du clairon, corvées – agrémentées, selon les semaines, du nettoyage des toilettes ou des escaliers –, inspection et ruée vers le petit déjeuner. En tenue, s'il vous plaît ! Puis, en sortant du réfectoire, nous filons comme une volée de moineaux vers les salles de cours.

Les disciplines dispensées à Châtellerault balayent un large spectre, du droit au maniement des armes en passant par le règlement intérieur. Autant d'enseignements à mémoriser et à ranger bien au chaud sous son calot. Sans oublier les joies de la dactylographie, indispensable pour taper les procès-verbaux dans les règles de l'art. Avec dix doigts !

Pour la première fois, je découvre également les grands principes du maintien de l'ordre. Comment gérer un mouvement de foule ? Organiser une charge ? Interpeller des fauteurs de troubles sans mettre les passants en danger ? Toutes les techniques d'intervention sont basées sur la dissuasion, grâce à des mouvements de troupes savamment orchestrés pour disperser les manifestants. L'intimidation : oui. Le passage à tabac : jamais. Un credo qui fait l'honneur des escadrons. Et semble échapper parfois aux compagnies républicaines de sécurité (CRS), à la formation certainement moins rigoureuse.

À l'école de gendarmerie de Châtellerault, on ne plaisante pas avec la discipline. Tout manquement est sanctionné par une marche commando de huit kilomètres. Pourtant, j'avoue, sans malice, avoir pris un certain plaisir à m'engager, par tous les temps, sur ces parcours semés d'embûches. Mon goût du défi me pousse à braver leurs obstacles. La quête du dépassement de soi demeure l'un des piliers de mon équilibre. Un exutoire sans pareil pour évacuer la pression.

Tous les deux mois, le commandement rend compte de notre classement. Une source de motivation particulièrement efficace pour qui, comme moi, veille à se maintenir dans les quinze premiers.

Outre les matières traditionnelles, d'autres notations peuvent, lors des délibérations, accélérer notre progression : moralité, tenue, aptitudes orales. Rien n'échappe à nos professeurs. Enfin, il y a celle que nous avons baptisée la « note de gueule » : la capacité à gagner la sympathie des instructeurs. Comme au bon vieux temps de la communale, je n'ai guère de peine à l'obtenir. Une facilité qui s'explique aussi par la maturité de mes vingt-cinq ans, lorsque la majeure partie de mes compagnons comptent à peine dix-neuf printemps. En revanche, j'ai quelques difficultés à briller dans le respect du règlement intérieur ; mon tempérament espiègle se retourne parfois contre moi…

Après huit mois de compétition, les résultats définitifs sont annoncés pour la fin de l'après-midi. Réunis en treillis dans l'amphithéâtre, nous sommes cent dix gaillards à piaffer d'impatience. Les pronostics vont bon train. Enfin, le capitaine fait son entrée. Silence dans les rangs.

« Major de ce 166e stage : élève gendarme Christian Baffert. »

Mon camarade se lève à l'annonce de son nom. Je suis sincèrement heureux pour lui.

« Cinquième : élève gendarme Daniel Cerdan. »

Mission accomplie ! Tandis que la pression retombe, ma joie grandit. Grâce à cette cinquième position, je suis certain de choisir librement mon affectation. Camarades « moblots », me voici !

Le temps est venu de formuler nos vœux. Sur le grand tableau noir, fixé derrière le pupitre, toutes les villes de cantonnement ont été inscrites. Je coche « Bayonne » d'une croix blanche. Puis, avec la satisfaction d'avoir enfin réorienté ma carrière, je me dirige vers la cabine téléphonique. Il s'agit d'annoncer l'heureuse nouvelle à ma famille. En guise de félicitations, ma chère maman, comme à son habitude, exprime son bonheur dans un torrent de larmes, tandis que mon père, plus sobrement, me gratifie de ses compliments sincères. Cette incorporation résonne, depuis leur province, comme une évolution sociale incontestable. Comme l'instituteur ou le médecin, le gendarme figure, à l'époque, parmi les personnalités respectées dans les campagnes. Ils ne cachent pas leur soulagement : leur bon petit diable est enfin rentré dans le rang.

Avec mes compagnons de promo, nous nous retrouvons spontanément dans la cour. Au fil de nos discussions, le doute m'envahit. Et si c'était une erreur d'avoir opté pour Bayonne ? Plus je m'imagine à près de huit cents kilomètres de ma famille, plus cette éventualité me semble impensable. Non, décidément, je ne peux m'éloigner autant de mes parents.

Il me faut réviser mes vœux. J'ai peu de mal à convaincre mon camarade en partance pour Cherbourg d'échanger le soleil du Pays basque contre les brumes de la Basse-Normandie. Ces petits arrangements de dernière minute, autorisés par le règlement, permettent à chacun d'entre nous de peser toutes les conséquences de sa décision avant de l'arrêter définitivement. La fougue de la jeunesse nécessite parfois un temps de réflexion supplémentaire.

Tradition oblige, le terme de ce stage est célébré par une prise d'armes en tenue complète. Cent dix bonshommes plantés au milieu de la cour, le menton haut et le regard fier. Le mien peut enfin envisager l'avenir sereinement.

Une fois les sanglots de l'émotion ravalés, il est temps de fêter, de façon moins protocolaire, notre entrée dans cette nouvelle famille. Une escale à *La Rosée du matin* s'impose ! Tous les samedis soir, cette discothèque se transformait en QG pour gendarmes noctambules, soucieux de se délester un moment du poids de l'uniforme. Sous les boules à facettes, nous oubliions rapidement nos angoisses et nos petits bobos.

Notre ultime fiesta en ces lieux se prolongea jusqu'au bout de la nuit. Cependant, un gendarme, même après une virée entre amis, demeure un représentant de la loi. Sur le chemin de la caserne, nous prenons soin de resserrer nos nœuds de cravate dans les rétroviseurs des voitures en stationnement. Sitôt la porte du dortoir refermée, une bataille géante de polochons, sur fond de chants militaires, s'improvise. Avant de tomber, épuisés mais heureux, dans les bras de Morphée.

Si chacun d'entre nous regrettera toute sa vie la chaleur de ces chambrées, il réalisera, au cours de sa carrière, que ses souvenirs seront souvent ravivés. La gendarmerie offre en effet à ses hommes de multiples occasions de se retrouver au hasard des mutations. Ainsi, Christian, sorti major, croisera ma route, bien des années plus tard, à Versailles-Satory.

Lorsque les lourdes portes du tribunal de Poitiers s'ouvrent à notre compagnie parée de ses plus beaux atours, les épaulettes et les fourragères blanches tremblotent particulièrement. Ce 19 mai 1978 marque le grand jour de notre serment. Notre incorporation officielle à la gendarmerie nationale. Graves et solennels, nous prenons place sur les bancs de la salle d'audience.

Face à nous, le magistrat énonce à haute voix : « Je jure d'obéir à mes chefs pour tout ce qui concerne le service auquel je suis appelé et, dans l'exercice de mes fonctions, de ne faire usage de la force qui m'est confiée que pour le maintien de l'ordre et l'exécution des lois. »

Cerdan, Daniel ?

Je le jure !

3

Ma caserne du bout du monde

Si ce serment m'a ouvert la route vers la quatrième armée, il ne me permet pas encore de coiffer le képi du gendarme de carrière. Quatre années de confrontation au terrain se profilent à présent à l'horizon.

C'est ainsi que j'atterris un beau matin sur la pointe de la presqu'île du Cotentin. Le long des rivages de la Manche, je chausse pour la première fois mes bottes de gendarme mobile. Plus précisément à Maupertus, distant de quelques kilomètres du centre-ville de Cherbourg, à vol de mouette.

Dans le camaïeu des verts coteaux qui s'enchaînent à perte de vue, l'urbanisme moderne semble avoir abdiqué toute tentative d'intrusion. Seuls quelques baraquements vétustes se distinguent dans la pampa. Bienvenue à la « caserne du bout du monde » !

À l'accueil, l'adjudant-chef, un solide gaillard qui en a vu débarquer plus d'un, s'arrête un temps sur mon dossier. Une énigme, manifestement, le dépasse :

« Sorti cinquième de Châtellerault ! Mais que diable êtes-vous venu faire dans ce trou du cul du monde ? »

Mes arguments de fils de famille au cordon ombilical encore bien attaché peinent à le convaincre. Il n'a sans doute pas tort. Car la vraie raison qui a guidé mes pas, je l'ignore encore à cette heure. Ma bonne étoile me la révélera plus tard, au détour d'une rencontre.

Dans l'escadron, trois principales communautés cohabitent : normande, bretonne et ch'ti. Autour d'elles gravite un groupuscule d'« apatrides » auquel j'appartiens. Cette singularité me rapproche rapidement de trois jeunes gars aux physiques d'athlètes : Jean-Paul, passionné de ballon rond, Ben, imbattable sur les pistes cyclables comme sur les terrains de cross, et Patrick, surnommé « L'Angliche ». Inséparables comme les trois mousquetaires, nous formons les benjamins de la troupe.

Si la majeure partie des gendarmes du cantonnement visent, à terme, un retour au pays, je nourris d'autres ambitions. Dans ma ligne de mire : l'obtention d'un diplôme d'aptitude technique (DAT) validant, en deux ans, mon expertise sur le terrain. Or, lors de ma présentation au capitaine, je souhaite formuler une requête un peu particulière : tenter l'examen en une année. À cœur vaillant, rien d'impossible !

Dans mes rangers reluisantes, ma chemise bleue aux plis impeccables, sous une vareuse que j'ai fait retailler dès ma sortie de l'école, j'attends fébrilement ma convocation. Aujourd'hui le protocole s'est détendu mais, en cette fin des années soixante-dix, on ne pénètre pas dans un secrétariat militaire comme dans un moulin.

« Cerdan, c'est à vous. »

Le capitaine, un costaud en treillis à l'allure « mili », m'accueille avec mon dossier à la main. Il s'attarde un temps sur mes compétences sportives, avant de m'interroger :

« Je lis que vous avez souhaité intégrer notre escadron. Qu'attendez-vous de votre séjour parmi nous, exactement ?

– Mon capitaine, n'étant ni normand ni breton ni ch'ti, avec votre autorisation, je souhaite passer mon DAT en un an. »

Silence pesant. Conscient du caractère inhabituel de ma demande, je reste dans l'expectative.

« Écoutez, Cerdan, nous allons procéder différemment. Comme tout le monde, vous allez passer votre examen en deux ans. Mais, au lieu d'attendre une année supplémentaire avant votre brevet d'armes, je vous autorise à l'enchaîner dans la foulée. »

La proposition mérite considération. Ce brevet permettant de passer « chef », la perspective de gagner douze mois sur la route de mes galons ne manque pas d'intérêt. D'autant que mon capitaine a pour moi d'autres projets.

Tous les escadrons de gendarmerie mobiles sont dotés de ce que l'on appelle une ELI, une équipe légère d'intervention. Elle est composée d'une douzaine de gaillards, « agiles, robustes, puissants et coordonnés », sollicités pour des interventions ultrarapides, lors d'opérations de maintien de l'ordre. Régulièrement, des éléments perturbateurs se glissent dans la foule pour troubler les manifestations. Et, accessoirement, « croquer » du gendarme ! C'est là que les ELI entrent en jeu. Infiltrées incognito dans l'assistance, elles peuvent cueillir ces individus sans être repérées. Vélocité, maîtrise du combat et anticipation sont fortement recommandées pour intégrer ces équipes de choc. Ragaillardi par ce nouveau défi, j'accepte la proposition. D'autant qu'elle impliquait, au préalable, la participation à un stage commando de trois semaines. À moi descentes en rappel, sauts en tyrolienne et autres expéditions nocturnes en tenue de camouflage. Après le jardin de M. et Mme Nicolas, il est temps d'explorer d'autres terrains de jeux. Le rêve absolu. Même un peu plus…

Peu de temps après mon arrivée à Cherbourg, je fais la connaissance de Guytou, un jeune sportif au physique impressionnant. Guidé jusqu'à lui par ma bonne étoile – nous y voilà… –, j'engage la conversation. Au sein de la caserne, le bonhomme fait figure de héros : il vient de réussir les tests pour intégrer le GIGN, le groupe d'intervention de la gendarmerie nationale. Créée par le lieutenant Christian Prouteau, cette nouvelle unité d'élite véhicule encore bon nombre de fantasmes. Néanmoins, ses faits d'armes révélés à l'opinion publique ont élevé ses membres au statut de héros. Particulièrement chez les gendarmes. Toujours en avance d'un rêve, j'interroge mon nouveau camarade sur la nature des tests et le niveau requis des compétences. Tandis qu'il boucle ses valises, je me mets à m'imaginer moi aussi sous la célèbre cagoule… Dès lors, ce stage commando en Bretagne devient providentiel : selon mes performances, je pourrai – ou non – encourager mes folles ambitions.

Le 23 octobre, avec six de mes condisciples, nous mettons le cap sur la forteresse de Quélern. Le chef, Jeannot Adelis, prend place à nos côtés dans une estafette lestée de matériel en tout genre. Sangles, harnais, échelles spéléo, mousquetons et autres cordes de rappel : manifestement, les trois semaines qui s'annoncent ne seront pas un chemin de roses. Mais, l'aventure, c'est l'aventure !

Le décor de mes premiers émois de baroudeur ressemble à un long serpent de pierres, épousant le relief chaotique des côtes bretonnes. Située à l'entrée du goulet de Brest, cette citadelle avait été imaginée par Vauban pour empêcher les intrusions étrangères. Devenu propriété du ministère de la Défense, le fort s'est transformé en camp d'entraînement militaire. Au sommet des murailles, certaines installations ont été dressées afin de pimenter les différents parcours à franchir contre la montre : poutres, tyroliennes et même asperges, ces tubes métalliques plantés à plus d'un mètre de la paroi, que nous devrons embrasser en nous élançant avant de nous laisser glisser sur quatorze mètres. Les sapeurs-pompiers utilisent un procédé identique pour gagner leurs véhicules en cas d'alerte. Un rapide coup d'œil sur l'ensemble des équipements nourrit instantanément nos imaginations avec un léger soupçon d'appréhension. La mienne n'est pas des moins fertiles...

Le capitaine Dubasque, commandant de l'escadron d'Argentan, se charge du comité d'accueil. La petite trentaine bien affûtée sous la toile de son treillis, il nous convie à le rejoindre dans l'amphi. Silencieusement nous prenons place. Lequel d'entre nous sera l'homme à battre ? Pour être frères d'armes, on n'en est pas moins compétiteurs...

« Messieurs, si ce stage constitue une chance indéniable pour parfaire votre formation, sachez que, pour nous, elle n'implique aucun statut de privilégié. Ici, la règle est implacable : soit vous réussissez les tests et vous êtes aptes à intégrer les ELI, soit vous échouez et vous partez. C'est aussi simple que ça. »

Puis, il dévoile le menu des festivités : batteries de tests physiques, agrémentés de tractions, pompes et autres parcours du combattant, escalades, navigations nocturnes aux abords de l'île aux Morts... Autant d'exercices mentionnés par mon ami Guytou pour intégrer le GI. Ma motivation monte d'un cran !

Dans ce cadre d'exception, je vais tenter de m'aguerrir à l'ensemble des techniques de franchissement auprès des experts les plus qualifiés de la gendarmerie. Une opportunité inestimable : je me lance à fond dans la compétition. À partir de maintenant, aucun obstacle ne doit être insurmontable. Pas même le « saut de puce ». Sous cette charmante appellation se cache l'une des plus impressionnantes épreuves de ce stage. Le plus souvent éliminatoire. Un beau matin, nous chaussons nos rangers pour affronter un parcours d'audace – entendez par là une course semée d'embûches.

Au programme notamment, la descente d'un câble fixé à vingt mètres de haut et rejoignant obliquement la surface du sol. Il s'agit tout simplement de se jeter dans le vide accroché à un mousqueton, en amortissant son atterrissage par un roulé-boulé plus ou moins contrôlé. Vous avez dit « grand frisson » ? Le regard au-dessus du vide, je suis attentivement les instructions. Surtout ne pas trop penser. En mer, sur terre ou dans les airs, les hommes du GIGN doivent évoluer avec la même aisance. C'est l'un des fondements de leur formation. Mine de rien, je commence mes révisions…

En plus des tests physiques et autres enseignements théoriques, mes camarades et moi-même sommes régulièrement soumis à des cas pratiques au réalisme confondant. Non loin de la base de Quélern, un îlot métamorphosé en camp militaire est spécialement dédié à l'apprentissage de l'assaut. Un soir, tandis que nous terminons notre dîner dans l'incessant brouhaha du réfectoire, le capitaine Dubasque interrompt nos agapes :

« Les gars, attendez-vous à partir en intervention dans les heures à venir. La situation générale est la suivante : nous devons réagir à une invasion étrangère. Situation particulière : l'un de nos militaires a été fait prisonnier dans la citadelle. Votre mission consiste à vous porter sur zone et libérer votre camarade. »

Puis, il tourne les talons. Un parfum de fébrilité mêlée d'excitation flotte au-dessus des tables. Conformément à la règle, nous ignorons l'heure du coup d'envoi. Il s'agit de se maintenir en alerte jusqu'au retentissement du « gyro deux tons ». Tout au long de ma carrière, il sonnera le démarrage d'une nouvelle aventure. Dès qu'il hurlera à mes oreilles, je redoublerai d'énergie, convaincu que quelqu'un, quelque part, aura besoin de moi.

Le lendemain soir finalement, à 22 heures précises, c'est le branle-bas de combat ! Ma première mission commando est avancée.

Sautant dans mon treillis, j'agrippe mon sac et me rends au pas de course à la réunion d'information. Après un bref rappel des faits, le chef désigne huit hommes afin d'établir une stratégie d'attaque. Pendant ce temps, j'enduis généreusement mon visage d'une pâte noire et verte, puis rejoins mes équipiers sous la bâche d'un camion stationné dans la cour. Tous feux éteints, il nous dépose à deux kilomètres de l'île. Les flots agités s'abattent violemment sur la roche.

Au préalable, certains de nos camarades ont été débarqués sur place. Dans ce jeu de rôles aux troublants accents de vérité, ils incarnent les soldats ennemis. Ces « plastrons » – nous les nommons ainsi dans le jargon militaire – ignorent l'heure précise de l'attaque. Depuis 19 heures, ils guettent dans l'obscurité le premier indice de notre présence.

Comme lors de chaque mission commando, nous commençons par nous organiser en binôme ; quand le premier progresse, le second le protège. Et réciproquement. Si l'occasion nous a été donnée de nous confronter à maintes reprises à l'hostilité des lieux, plongés ainsi dans les ténèbres ils se révèlent encore plus inhospitaliers. Les roches accidentées, chutant dans l'océan glacé, invitent à la plus grande vigilance. À pas de loup, nous serpentons jusqu'au cœur de la citadelle. Le ressac couvre opportunément notre progression.

Conformément à l'ordre de mission, je quitte discrètement mon équipe pour me faufiler entre les maisons en ruines. Mon objectif est un hangar désaffecté dans lequel le prisonnier est censé être retenu. Si j'en juge par son impassibilité, la sentinelle ne m'a pas entendu arriver. En un éclair, je bondis derrière elle, avant de lui administrer une légère tape sur l'épaule : « Pan ! T'es mort ! »

Pendant ce temps, le groupe investit le bâtiment et libère notre camarade.

Il s'agit désormais de quitter les lieux avant que nos adversaires ne donnent l'alerte. Malgré le peu de visibilité, nous optons pour une descente en rappel. À quinze mètres au-dessus du niveau des eaux, une petite plate-forme a été installée. Nous y arrimons solidement une corde. Puis, mes partenaires disparaissent un à un dans l'obscurité. Il est convenu que je ferme la marche. Le vent du large siffle à mes oreilles. Les embruns me piquent les joues. Au signal, je m'enfonce à mon tour dans l'inconnu. Seul le vacarme des vagues qui se brisent sous mes pieds me permet de jauger la distance à parcourir. Ainsi suspendu à l'aveugle contre la roche humide, j'éprouve une jubilation certaine à relever le défi. Cette toute première confrontation au stress s'avère plutôt encourageante.

Outre les poussées d'adrénaline, je puise, au jour le jour, dans la solidarité de notre compagnie afin de repousser mes limites. Celle qui lie pour la vie tous les rescapés de ce fort de l'angoisse. Une ressource insoupçonnée.

Ces trois semaines, menées à un rythme d'enfer, ont déjà constitué l'une des expériences les plus enrichissantes de ma vie d'homme et de militaire. Le muscle lourd mais le cœur léger, je quitte le fort avec la conviction d'avoir franchi une étape décisive sur le chemin de mon apprentissage.

Pour l'heure, il est temps de passer quelques jours de vacances avec ma famille, à l'occasion des fêtes de fin d'année. À mon retour, le père Noël m'a réservé un cadeau inespéré : une place de major au classement final. Ma volonté d'incorporer le GIGN ne serait-elle pas totalement chimérique ? Poursuivons l'entraînement…

Après les étendues sauvages du Haut-Cotentin, me voilà à présent foulant le maquis corse. Du terrain, du terrain, encore du terrain !

En cet hiver 1978, l'île de Beauté sursaute régulièrement aux détonations des charges explosives déposées par le Front de libération nationale corse. Des renforts ont été requis par les gendarmes départementaux. Chacun garde en mémoire les funestes événements d'Aleria survenus trois ans plus tôt. Cette année-là, l'Action pour la renaissance de la Corse, un groupuscule autonomiste dirigé par Edmond Simeoni, a investi les caves d'un vigneron, rapatrié d'Afrique du Nord. Depuis la fin du conflit en Algérie, le gouvernement français facilite l'implantation des exploitants pieds-noirs dans la région. Une préemption qui, au regard des autonomistes, s'opère au détriment des petits cultivateurs de l'île. Pour dénouer la crise, le président Giscard d'Estaing ordonne le déploiement de trois escadrons de gendarmerie. Pas moins ! Nullement impressionnés, la douzaine de nationalistes retranchés dans la propriété refusent de rendre les armes. À 16 heures, l'assaut est donné. Sous le feu nourri des assiégés, deux gendarmes perdent la vie. Le lendemain, un troisième périt lors d'une manifestation à Bastia. En tirant sur les forces de l'ordre, les insurgés ont donné la mesure de leur détermination. Pour tous les escadrons, ce passage à l'acte marque le début d'une longue période de troubles. L'état d'alerte atteint son niveau maximum.

C'est dans ce contexte extrêmement tendu que je m'envole de l'aéroport de Maupertus, par-delà la Méditerranée, pour effectuer mon premier renfort au maintien de l'ordre. Nous sommes près de quatre-vingts personnels embarqués à bord d'un Transall de l'armée française. Associée dans nos esprits à l'excitation des départs en opération, cette bétaillère volante qui ne brille pas par son confort suscitait chez nous une certaine affection. De part et d'autre de l'allée centrale une enfilade de sièges, adossés à la carlingue, constitue l'essentiel de ses prestations. Après trois heures de traversée, nous débarquons à Bastia, quasiment sourds et grisés par les vapeurs de kérosène. Qu'importe, c'est ma première sortie. Qui plus est dans l'une de nos plus belles régions. En prenant place dans ce coucou d'un autre âge, j'ai été le plus heureux des gendarmes.

Cet hiver-là, la clémence du climat de l'île de Beauté semble vouloir faire mentir sa réputation. Rarement, de mémoire de berger, on a connu hiver plus rigoureux. Ce coup du sort prend toute son importance lorsque nous découvrons l'état de délabrement de la caserne Saint-Joseph, prévue pour nous héberger : un véritable nid à courants d'air glacé, filant sous les portes d'entrée avant de s'infiltrer entre les huisseries et nous faire grelotter de la tête aux pieds. Quant à l'antique poêle à charbon censé rehausser la température, il fonctionne selon le principe de l'effet placebo… Aussi, lorsqu'une partie du toit s'effondre sous le poids de la neige, notre capitaine monte au créneau, au nom de son escadron qui déplore déjà sept « pertes » à l'infirmerie. Grâce à sa force de persuasion, nous plions bagage dans les heures qui suivent pour investir un authentique village de vacances. Non loin de Furiani, ce lotissement, déserté en hiver par les touristes en maillots, accueille ses premiers « GM » (gendarmes mobiles) en treillis. Avec une joie non dissimulée, nous échangeons nos rustiques dortoirs contre de charmants bungalows, bercés, dans notre sommeil, par le bruit des vagues. Cet épisode est à marquer d'une croix blanche dans les annales de la gendarmerie. Car, contrairement aux compagnies républicaines de sécurité, notre statut militaire ne nous autorise pas à refuser un cantonnement.

Fût-il des plus précaires. Une contrainte à laquelle échappent nos amis CRS, issus de la police nationale et donc administrés par une réglementation civile. Pourvus de syndicats préoccupés par les conditions de travail de leurs électeurs, ils ont pour habitude de passer en revue les locaux mis à leur disposition avant de décider – ou pas – de s'y installer lors d'un déplacement. Au cours de ma carrière, il m'est souvent arrivé de loger dans des établissements au préalable refusés par ces mêmes compagnies. Fort heureusement, de mémoire de gendarme, le confort n'a jamais constitué une priorité. Dans la tradition militaire, seule compte la réussite de l'opération. J'ai compris assez vite que le sommeil peut être réparateur quelle que soit la largeur du lit.

Pour l'heure, c'est sous le commandement du chef Lebas – surnommé « Toit de chaume » eu égard à la raideur singulière de sa tignasse – que nous partons à l'assaut de la Sierra di Pigno. À la cime de ce sommet s'élève un relais de télévision, cible de premier choix pour des indépendantistes avides de publicité. L'heure est venue de mettre un terme à leurs feux d'artifice, de moins en moins appréciés par les autorités. Armés de pistolets mitrailleurs, grenades et autres armes automatiques, nous l'encerclons tous les jours pour garantir une sécurité H 24. Malgré le poids de ma responsabilité, je ne me prive pas, lors des gardes nocturnes, du spectacle apaisant de Bastia endormie à mes pieds.

Au matin, à peine éprouvés par ces nuits fragmentées, le chef Lebas et moi-même confrontons nos qualités de sprinteurs sur un parcours allant du village jusqu'au sommet de la montagne. Après avoir englouti un frugal petit déjeuner, me voilà troquant mes rangers contre une paire de chaussures de sport. Il est temps d'avaler maintenant des kilomètres supplémentaires, dopés par les arômes enivrants du maquis.

En alternance avec la surveillance de l'antenne relais, nous assurons un autre type de protection : celle de la demeure d'un magistrat du tribunal de Bastia, cible de mitraillages en règle à plusieurs reprises. Dès notre arrivée, notre « client » cache mal son peu d'enthousiasme à nous accueillir dans son quotidien. Un revers de médaille que certains hauts responsables peinent à accepter. Et, pour moi, un premier enseignement dont je saurai me souvenir ; l'acceptation d'une sécurité rapprochée ne va pas toujours de soi.

Relégués dans un garage, agrémenté pour l'occasion de quelques lits pliants, nous montons la garde jour et nuit. Plus la lumière décline et plus notre vigilance grandit. Pistolet mitrailleur au poing, nous guettons la moindre décélération à l'approche de la propriété. À l'époque, le mot « trêve » a été rayé du discours des nationalistes. Les journaux nous le rappellent quotidiennement. Le plus petit relâchement peut se transformer en drame. Nous en sommes tous pleinement conscients.

Cependant, si l'activisme des autonomistes suscite la plus grande attention, je conserve le souvenir d'une cohabitation bienveillante avec l'ensemble de la population. Dans les commerces ou aux terrasses des cafés, à l'heure où les glaçons tintent joyeusement les jours de repos, nos coupes de cheveux, bien dégagées derrière les oreilles, n'ont jamais déclenché le moindre incident.

Autre région, autres mœurs : Plogoff, où nous sommes envoyés le 23 février 1980. Dans un climat de quasi-guerre civile, cette expédition de six semaines a aguerri définitivement au maintien de l'ordre le jeune apprenti gendarme que j'étais alors.

Cette année-là, pas moins de neuf escadrons de « moblots » sont déployés en renfort auprès de leurs collègues départementaux. Il s'agit de contenir les opposants à l'édification d'une centrale nucléaire sur le sol d'une bourgade bretonne, à cinq kilomètres de la Pointe du Raz. La construction de tels édifices prévoit, en préambule, une enquête d'utilité publique. Cette procédure à grande échelle permet à toutes les parties concernées de faire connaître leur avis. Aussi, dès 9 heures du matin, des estafettes de l'administration se rendent sur les quatre sites présélectionnés afin d'y recueillir les opinions des uns et des autres : Cleden-Cap-Sizun, Primelin, Goulien et Plogoff, évidemment. Et ce jusqu'à 16 heures tapantes. Il va sans dire que la non-observation de ce préalable – y compris le respect des horaires d'arrivée et de départ – conduit à l'annulation du projet pour vice de forme. Avec l'énergie du désespoir, ses adversaires se sont rués dans cette brèche judiciaire. Proclamant le boycott de l'enquête, ils ont décidé de rendre impraticables tous les itinéraires empruntés par l'administration. Dans un élan de solidarité sans précédent, l'ensemble de la population s'est mobilisé. Des grands-mères en coiffes traditionnelles aux adolescents en blousons de cuir, une armée d'indomptables s'est soulevée dans tous les cantons environnants. Avec une combativité à faire pâlir d'envie n'importe quel chef d'escadron !

Dès lors, chaque matin à partir de 4 heures, nous montons au front. Accompagnés du Génie militaire, au volant de pelleteuses ou sous les bâches de nos camions, nous partons à l'assaut des barrages. Saluons, au passage, l'effort d'imagination des manifestants, toujours plus inspirés pour nous mettre en échec. Des carcasses de voitures, reliées entre elles par des kilomètres de câbles et arrosées de fioul, aux cadavres de porcs suspendus aux poteaux électriques, le programme des réjouissances est inlassablement renouvelé pour empêcher l'arrivée des agents administratifs. Leur retour n'est pas plus empreint de sérénité. Dès 15 heures, des marées humaines déferlent sur les sites afin d'immobiliser nos véhicules. Pour éviter que les manifestants ne se hissent à l'intérieur, nous sommes contraints de « décrocher » – quitter la zone – à grands renforts de grenades lacrymogènes. Certains n'hésitent pas à s'allonger carrément en travers de la route. Tout au long de notre progression, des familles entières, armées de lance-pierres, nous escortent sous les huées.

Si les équipements des gendarmes mobiles ont évolué avec la délinquance – désormais, ils essuient des tirs à balles réelles ! –, les protections de l'époque relevaient plus de la panoplie du hockeyeur du dimanche que de celle de Robocop. Une bulle en plexiglas fixée sous un casque, histoire de se protéger le visage, deux carrés de mousse reliés par un cordon en guise de gilet pare-balles. Sans oublier les protège-tibia et une coquille, provenant de mes propres équipements sportifs : pas de quoi pavoiser sous les cocktails Molotov…

Au cours de ma carrière, j'ai souvent dû compléter le matériel fourni par le ministère de la Défense dans le seul but de renforcer ma sécurité. Je me souviens, par exemple, d'un stage commando effectué dans les neiges pyrénéennes. Ma prime de déplacement a été intégralement investie dans l'achat de duvet et autres matériels de survie, indispensables à plus de 2 500 mètres d'altitude. Étrangement, l'utilisation de mes deniers personnels pour combler le manque de moyens qui mine nos armées m'a toujours semblé naturelle. À l'heure de boucler l'ultime chapitre de ma vie de militaire, je réalise combien, en matière de revendications, la Grande Muette n'a jamais aussi bien justifié son nom…

Malgré les jets de pierres et les noms d'oiseaux, je n'ai pu m'empêcher d'éprouver une certaine admiration pour ces hommes et ces femmes qui, pendant près de six semaines, se sont mobilisés pour défendre leur terre. Même dans leur ligne de mire, leur détermination m'inspirait le respect. À l'instar des joueurs de rugby, il n'est pas incompatible d'affronter sur le terrain des adversaires que, par ailleurs, on estime.

À l'issue de plusieurs mois de lutte acharnée, les manifestants finirent par obtenir gain de cause. Aucun réacteur nucléaire n'est venu, depuis lors, troubler la beauté sauvage de la pointe bretonne.

4

Chronique d'un enterrement de première classe

Un projet de loi relatif au rapprochement police-gendarmerie a été signé le 23 juillet 2009. Il prévoit le « rattachement organique et opérationnel » de la gendarmerie au ministère de l'Intérieur. Et poursuit un processus de rapprochement, engagé par le décret n° 2002-889 du 15 mai 2002, qui limitait l'autorité du même ministère au seul emploi des services de la gendarmerie nationale. À savoir, la définition de ses missions et leurs modalités d'organisation.

Sur le papier, l'idée d'un regroupement peut paraître séduisante, notamment en matière d'économies d'échelle. Mais, sur le terrain, elle se heurte à de nombreux écueils. À commencer par celui de l'égalité des traitements.

Historiquement, la Grande Muette figure parmi les ministères pauvres. Elle a toujours compté sur la vocation de ses personnels pour compenser de cruels manques de moyens. Même leurs rangers ont plus de cinquante ans ! Grâce à cette abnégation, chaque 14 juillet, nos dirigeants peuvent continuer à bomber le torse au passage des troupes sur les Champs-Élysées… De plus, lorsque les éboueurs décident de maintenir leur mouvement de grève, qui s'occupe de débarrasser les trottoirs des ordures nauséabondes, pour le plus grand soulagement de la population ? Qui contribue au prestige de la Nation, en partageant son expertise avec de nombreux contingents étrangers ? Vous l'aviez deviné : ce sont bien les militaires français. À l'heure où je noircis ces pages, ils sont déjà près de cinquante à être tombés sur le front afghan. Victimes parfois d'une pénurie de moyens qui ne leur permet pas de se défendre lors de situations difficiles. Une honte.

Fort de mes nombreuses heures de vol, je déplore avec amertume le manque de combativité de nos autorités à défendre leurs hommes. Un comble pour le ministère des Armées ! Force est de constater que les instances militaires ont souffert d'une absence récurrente de ténors pour faire entendre leur voix. Hormis M. Charles Hernu, la nomination des ministres de la Défense résulte trop souvent d'une cuisine électoraliste, à des années-lumière des préoccupations des hommes sur le terrain. Le dernier exemple, celui de M. Hervé Morin, totalement étranger au fonctionnement des armées jusqu'à son arrivée rue Saint-Dominique, illustre tristement cet état de fait. De surcroît, la composition même du cabinet du ministre de la Défense offre un avantage numérique aux représentants civils. En effet, un seul de ses trois directeurs est issu des rangs militaires. Je vous laisse imaginer vers qui penchera la décision finale, en cas de vote…

De tout temps, l'opposition entre police et gendarmerie a sévi, nourrie par l'antagonisme « Paris contre province », « villes contre campagnes ». Or, sur le papier, la répartition des compétences territoriales est bien claire : les zones urbaines relèvent de la compétence des policiers, les zones rurales de celle des gendarmes. Depuis l'arrivée de M. Sarkozy à la présidence de la République, le socle de cette fragile répartition glisse très avantageusement vers les hommes de la police nationale. À l'heure où la fusion paraît bien engagée, je crains de voir, comme cela se produit dans les grands magasins, la police s'épanouir en vitrine, tandis que les gendarmes, eux, seront dévolus aux basses besognes dans l'obscurité de l'arrière-boutique. Comment tempérer mes soupçons, en constatant que notre président, ancien ministre de l'Intérieur, a nommé au poste de secrétaire général de l'Élysée M. Guéant, ex-patron de la Direction générale de la police nationale ? On ne gouverne bien que ses enfants, me direz-vous. L'ère Sarkozy marque l'avènement d'un État policier décomplexé, dont l'un des actes fondateurs fut l'éviction, sans appel, de la totalité des gendarmes du groupe de sécurité du président de la République (GSPR). Dégagés manu militari, si j'ose dire… Je reviendrai sur les circonstances de leur révocation.

Autre exemple de mise en avant outrancière que chacun a pu observer cet été : tous les ans, l'organisation du Tour de France confie la sécurisation de la course à la gendarmerie. Ainsi, les motards de la garde républicaine prennent-ils en charge la sécurité des coureurs – parfois aux dépens de la leur – tandis que les gendarmes mobiles, déployés sur des kilomètres de bitume, procèdent au jalonnement du parcours. Une tâche qui, pour l'avoir moi-même assumée, ne figure pas parmi les plus enthousiasmantes. Même pour les fans les plus acharnés de la Petite Reine ! Peu importe. Or, qui voit-on poser dans la petite lucarne au moment de la remise des maillots ? Ces messieurs les officiers de la police nationale. Qui trouvent toujours quelques instants de liberté pour assurer leur opération d'affichage. Loin de moi l'idée de leur reprocher ces récréations fort plaisantes. Mais, alors qu'ils entonnent en boucle la complainte des réductions d'effectifs, je me demande comment ils dégagent autant de disponibilités dans des emplois du temps *a priori* surchargés ? Il est grand temps qu'ils nous livrent leurs secrets !

Si le grignotage des territoires de compétences de la gendarmerie semble bien entamé, il est rarement inspiré par le simple fait du hasard. Ainsi, les missions d'honneur dévolues historiquement aux gardes républicains semblent intéresser particulièrement nos collègues policiers.

Héritière des cent vingt cavaliers de Louis XIV assignés au « guet royal », la garde républicaine, formation spéciale de la gendarmerie nationale, assure depuis plus de trois cents ans l'ensemble du protocole de l'État. Une activité qui, si elle ne représente qu'un cinquième de ses responsabilités – l'essentiel réside dans la protection des palais nationaux –, demeure emblématique de sa fonction. Services d'honneur, défilés militaires, escortes de cortèges officiels : sous leurs épaulettes dorées, ses hommes portent haut les couleurs de la Nation. Récemment, un concert de la garde, organisé pour Mme la ministre Michèle Alliot-Marie, révéla une volonté certaine de remettre en cause ses attributions.

Tandis que le cadre officiel des Célestins – l'antre de la garde républicaine – résonnait au son des trompettes, quelle ne fut pas la surprise de cette solennelle assemblée de voir débarquer, sans gêne apparente, un véhicule de la police nationale. Dans un costume d'apparat étrangement similaire à ceux des gendarmes de la garde, des policiers descendirent un par un de leur autocar. C'est alors qu'un officier de la garde républicaine se détacha des rangs. Campé face à ces invités surprise, il déclara :

« Désolé, messieurs, mais nous avons les mêmes en plus beau ! »

Puis, il tourna les talons, tandis que nos amis du ministère de l'Intérieur furent invités à rebrousser chemin. Fermez le ban ! Pour combien de temps encore ? Les honneurs et le maniement du sabre ne s'improvisent pas. C'est un métier.

À l'époque où je commandais la compagnie de sécurité de la présidence de la République, ramification de la garde républicaine chargée de la protection de l'Élysée, je pus constater une nouvelle retraite de nos cousins policiers. Mais, cette fois, pour d'autres raisons…

De l'aveu même de l'un des capitaines de la garde, les motards assurant l'escorte des convois présidentiels figuraient depuis un moment dans la ligne de mire de la CRS1. Spécialisée dans l'escorte des hautes personnalités, cette compagnie républicaine souhaitait faire main basse sur l'intégralité des déplacements présidentiels. Les arbitrages quasi systématiques de M. Sarkozy en faveur des policiers les encourageaient à maintenir cette revendication impliquant quelques nuitées à l'Élysée. Jusqu'à une visite préalable des dortoirs occupés par leurs collègues gendarmes, sous les toits du palais… Découragés par la précarité des lieux, ils renoncèrent illico à leur dessein. Un revirement inspiré, puisque, le 14 octobre 2009, quatre cas de gale furent constatés chez des gardes logés « au château ». Scandaleux !

S'ils préfèrent, finalement, laisser le gîte aux gendarmes de la garde, les policiers ne crachent pas sur le couvert. Offert gracieusement tous les jours par… le contribuable. Ainsi, à l'Élysée, peu importe la salubrité des cantonnements pourvu que les hommes de la police nationale affectés à la sécurité rapprochée du président de la République continuent de déjeuner en paix – et gratuitement – sous les dorures. Encore une des disparités flagrantes entre nos deux statuts. Comment imaginer que l'annonce de cette fusion ne constitue pas une occasion idéale pour les réduire ? Hélas, ce chant d'optimisme ne trouve guère d'écho dans la réalité. Inexorablement, l'étau se resserre en silence sur les territoires de compétences de nos militaires.

Souvent, les personnels de la gendarmerie se voient jeter à la face l'argument du logement de fonction pour justifier d'un éventuel statut de « privilégiés ». Or, si elle constitue une prérogative bien réelle, cette habitation est soumise à la contrainte d'un règlement intérieur et entraîne une disponibilité H 24. Lors d'une mission en Nouvelle-Calédonie, j'ai pu constater que les compagnies de CRS se livrent à une tout autre comptabilité de leur temps de travail : elles soustraient par principe huit minutes de leur mobilisation effective, justifiées, entre autres, par le temps de passage des consignes. Dès lors, leur présence sur le terrain se limite systématiquement à sept heures et cinquante-deux minutes, comme tous les représentants de la police nationale. Au-delà, ces messieurs basculent sous le régime des heures supplémentaires. Si, par l'entremise de la fusion, tous les gendarmes étaient soumis à la même réglementation, je parie sur une explosion des budgets ! En contradiction totale avec les restrictions financières prônées par les mêmes inspirateurs du projet. À méditer...

Même intégrés au ministère de l'Intérieur, il n'est pas question de départir les hommes de la gendarmerie de leur statut militaire. Aussi, dans l'espace de survie qui leur est imparti, nos officiers généraux font ce qu'ils peuvent pour subsister : difficile d'infléchir une tendance lorsqu'elle est initiée au plus haut sommet de l'État. *A fortiori* quand les procédures de réclamations n'ont pas la même efficacité. En effet, à la Défense, ce sont des commissions de fonctions militaires, présentes dans l'armée et la gendarmerie, qui font remonter les doléances sur le bureau du ministre. Parallèlement, pour faire évoluer leur condition, les policiers disposent de syndicats historiquement rompus aux combats sociaux : la culture de la revendication face à celle de la Grande Muette. Comment rivaliser ?

Autre domaine révélateur d'injustices : celui ô combien sensible des primes de cabinet. Tandis que le manque de moyens pénalise nos troupes en Afghanistan, ces enveloppes permettent, dans la plus grande opacité, de faire reluire les ors des ministères.

De surcroît, si le contingent français présent à Kaboul n'est pas toujours en mesure de faire décoller sa flotte, les appareils des voyages présidentiels, eux, s'envolent grâce aux crédits prélevés sur le budget… de la Défense ! Là encore, le jury appréciera…

L'idée ne m'est jamais venue d'aller jeter un œil dans la gamelle du voisin. Mais à l'occasion de ce projet de rapprochement le voile se lève sur des écarts bien difficiles à digérer. Comment justifier la prime de 180 euros mensuels d'un gendarme-garde républicain chargé de la sécurité du palais de l'Élysée, quand un policier affecté au même poste est crédité, lui, d'une prime de cabinet de 1 500 euros sur sa fiche de paie ? Au ministère de la Défense, ces enveloppes varient de 29,88 euros pour les premiers à 1 000 euros pour les seconds.

On l'a vu, l'un des principes de cette fusion participe d'une volonté de réaliser des économies. Principe louable s'il en est. À condition de respecter une réelle équité, ce qui n'est pas le cas. La gestion des effectifs n'échappe pas à ces nouvelles orientations. Sachant que le décret rattachant la gendarmerie au ministère de l'Intérieur est paru en 2002, il aura fallu près de sept années pour que le bureau du directeur général de la gendarmerie nationale rejoigne la place Beauvau ! La célérité des déménageurs n'est plus ce qu'elle était… En revanche, les inégalités perdurent.

Projetons-nous un instant sous le soleil bienfaiteur de l'été. Chaque année, le littoral français voit débarquer des cordons de CRS en maillots de bain, aux côtés de baigneurs libérés par les congés payés. Pas moins de six cents personnels de la police nationale sont ainsi détachés pour assurer la sécurité de nos plages. Autant de postes soustraits aux salariés de la Fédération des maîtres nageurs sauveteurs (FMNS) qui n'ont plus qu'à aller exercer leurs talents… ailleurs ! Mais ce n'est pas tout. En prenant ainsi position sur nos côtes qui, en passant, relèvent de la compétence territoriale des gendarmes départementaux, les CRS grèvent substantiellement le budget du ministère. Selon la fameuse règle des sept heures cinquante-deux minutes de travail journalier, ces quatre mois de postes côtiers sont automatiquement compensés par huit semaines de vacances. Sans compter les frais de déplacement ! Voilà comment nos amis policiers peuvent se prévaloir de passer cinq mois en famille au bord de la mer. Il ne leur reste plus qu'à effectuer sept mois de labeur bien réel pour justifier toute une année de rémunération. Définitivement, il va falloir que je révise mes notions de comptabilité…

En se penchant plus précisément sur les effectifs de la police, on s'aperçoit que près de sept cents éléments se consacrent exclusivement à la représentation syndicale. Six cents CRS dans les palmes des maîtres nageurs de la FMNS, ajoutés à sept cents employés investis à plein-temps dans les revendications corporatistes, cela fait, au total, près de mille trois cents personnes rémunérées pour des activités sans grand rapport avec la sécurité du pays. Dans le même temps, les autorités décident de la fermeture de quatre écoles de gendarmerie afin de libérer quatre cent quatre-vingts gendarmes et combler ainsi les manques de personnels dans les casernes. Puis, sans scrupule, elles annoncent par ailleurs le recrutement de neuf cents policiers et de neuf cents cadets de la République alors que l'annulation de leur incorporation avait été annoncée. Et l'on s'étonne que le virus de la démotivation contamine nos brigades une à une ?

Le directeur général de la gendarmerie nationale a annoncé la suppression de 3 509 postes entre 2009 et 2011. En vidant ainsi les cantonnements, les pouvoirs publics se privent d'un dispositif exceptionnel, opérationnel immédiatement et déployé dans tout l'Hexagone. Y compris dans les zones les plus reculées.

Les temps sont à la réorganisation ? Montrons-nous pragmatiques ! Pour endiguer la gabegie qui ronge le budget du ministère, envisageons un redéploiement des responsabilités territoriales des uns et des autres. Au lieu de cela, les gars des pelotons de gendarmerie de haute montagne (PGHM) voient, eux aussi, leur légitimité menacée par des CRS formées au secours en montagne. Là encore, le raisonnement de nos autorités m'échappe : pourquoi investir en frais de formation pour des interventions dont la maîtrise appartient, depuis des années, à des unités qui ont fait leurs preuves ? *A fortiori*, non soumises aux heures supplémentaires ?

De nos jours, l'art du doublon entre police et gendarmerie est devenu un sport national. Chez les policiers, les brigades d'intervention ne cessent de faire des petits : brigade de recherches et d'intervention (BRI), groupe d'intervention de la police nationale (GIPN), Direction centrale du Renseignement intérieur (DCRI), autant de groupes qui peinaient à cohabiter dans l'harmonie, lorsqu'un jour d'octobre 1985 naquit le groupe Recherche Assistance Intervention et Dissuasion (RAID). « Lors d'un repas entre copains autour d'une bonne bouteille », comme le révèle l'un de ses plus hauts dignitaires. Semant le trouble dans la répartition des compétences, il résonna comme une réplique à la création du GIGN. Avec douze années de décalage… Une réorganisation semblant programmée, des mesures s'imposent, au préalable, dans les rangs de la police nationale.

Au fil du temps, la délimitation des territoires se fait de plus en plus hasardeuse. L'un des exemples les plus probants fut, sans conteste, l'intervention du 26 décembre 1994 sur l'aéroport de Marignane. Si elle a largement contribué à l'édification de la légende du GIGN auprès du public, cette prise d'otages fut l'objet, en amont, d'âpres négociations. Pas seulement avec les membres du Groupe islamique armé (GIA) preneurs d'otages. Soucieux d'entériner la légitimité du RAID, le ministre de l'Intérieur, Charles Pasqua, souhaite faire intervenir ses hommes en priorité. Dans l'enceinte d'un aéroport, les aérogares relèvent de la compétence de la police, et la sécurité des pistes dépend, elle, de la gendarmerie. Grave dilemme ! Tandis que les passagers tremblent devant les fusils des terroristes, les discussions s'enflamment dans les palais de la République. Finalement, la force de conviction de François Léotard, ministre de la Défense, et du commandant Favier, patron du GI, l'emporte. Le groupe d'intervention de la gendarmerie nationale est enfin autorisé à mettre en branle sa machine, solidement éprouvée par vingt et un ans d'entraînement. Après un assaut spectaculaire de vingt minutes, sous le feu de milliers de cartouches et de jets de grenades, tous les otages sont libérés. Sains et saufs. Est-il besoin de le préciser, cette issue favorable ne tient pas du miracle.

Lorsque j'appartenais au groupe, nous mettions le cap deux fois par mois sur les aéroports d'Orly ou de Roissy-Charles-de-Gaulle pour des simulations de prises d'otages. Des exercices à grande échelle au cours desquels la compagnie Air Inter mettait l'un de ses appareils à notre disposition. Une partie de son personnel jouait le rôle des passagers.

Complétés par des stages de formation d'une semaine, ces entraînements visaient à ce que rien ne nous échappe. À tout moment, nous sommes en mesure de relayer n'importe quel technicien : du ravitaillement à l'atterrissage, en passant par la livraison des bagages. Une connaissance approfondie des plans de tous les appareils en circulation s'impose. On y découvre quelques menus secrets de fabrication. Notamment des évacuations méconnues, fort utiles pour envisager un assaut en évitant les issues classiques. Sur certains avions, une trappe, située à la hauteur du train d'atterrissage, offre un accès direct à la cabine. Sur d'autres, c'est une ouverture placée sur le toit, juste au-dessus du cockpit, qui permet une intrusion ultrarapide. Forts de ces connaissances, nous répétions toutes nos stratégies d'attaque dans les vapeurs de kérosène. Aujourd'hui, c'est au cœur même de la caserne de Versailles-Satory, dans une cabine fidèlement reconstituée, que s'effectuent les simulations. Ici et là, des impacts de balles témoignent de scènes d'entraînement confondantes de vérité. À ces dernières, seul manque le sourire des hôtesses ! Tous les types de transports, maritimes, ferroviaires et autres, sont appréhendés, et avec le même souci d'exigence.

Dans ce contexte de surenchère d'unités spéciales, le gouvernement annonçait, à l'automne dernier, l'entrée en lice de la force d'intervention de la police nationale (FIPN). Une entité regroupant le RAID, la BRI et le GIPN. Face au GIGN, homogène, soudé et organisé, la FIPN fait figure d'agrégat d'unités multiples qui n'opèrent jamais ensemble. Encore une création pour contrer l'expertise historique des supergendarmes ? Où le ministère de l'Intérieur veut-il en venir en multipliant comme des petits pains ses groupes d'intervention ? Certainement pas à l'enterrement de la hache de guerre entre les polices. Encore moins à la sauvegarde du budget du contribuable, surtout lorsque l'on sait qu'un policier du RAID coûte à la Nation 2,6 fois plus cher qu'un gendarme du GIGN.

Comment ne pas évoquer ici l'affaire Treiber ? En septembre 2009, le principal suspect dans le double meurtre de Géraldine Giraud et de Katia Lherbier s'est évadé. Durant plusieurs jours, les gendarmes mobiles en tenue de camouflage organisent des battues dans le bois où il est censé s'être réfugié. Tandis qu'ils quadrillent le périmètre, leurs collègues de la police nationale reçoivent une information capitale : le fuyard aurait été localisé. Branle-bas de combat. Une compagnie républicaine de sécurité est d'abord dépêchée sur zone, suivie par un bataillon de caméras de télévision. Puis, les hommes du RAID entrent en scène. Ils investissent la forêt dans des conditions climatiques exécrables ; leur dispositif finit par être repéré. Et le fugitif d'apparaître sur plusieurs clichés, généreusement diffusés dans la presse…

Sans formation militaire adéquate, les techniques de planque en pleine nature ne s'improvisent pas. Lors de missions d'entraînement dans la jungle guyanaise ou sous le soleil brûlant du désert, les hommes du GIGN sont rompus à l'exercice et, par conséquent, capables d'intervenir quelle que soit l'hostilité du milieu…

Si l'on respecte les domaines de compétences des uns et des autres, chacun trouvera sa place. Laissons les villes aux policiers. Les campagnes aux gendarmes. Et la France sera bien gardée. Ou, alors, abandonnons notre statut militaire et devenons tous policiers. Tous les gendarmes y gagneront en qualité de vie. Comme les CRS, les « moblots » s'en iront dormir à l'hôtel et les « criquets » renoueront avec un rythme de vie apaisé, en ne dépassant pas sept heures et cinquante-deux minutes de travail par jour. Si une telle révolution était initiée, la sécurité de l'ensemble du territoire serait réellement menacée. Et si demain le chaos s'annonçait : qui protégerait nos gouvernants ?

5

Brevet 54

« Cerdan, tu passeras au secrétariat ! » À peine rentré d'une permission passée aux sports d'hiver en famille, l'adjudant m'interpelle, peu après le rapport du matin. Une fiche d'état civil à remplir ? Un cross à courir sous les couleurs de l'escadron ? Le nez au vent, je me rends à ma convocation.

« Tu l'as voulu ? Tu l'as eu ! Nous t'avons inscrit pour passer les tests du GIGN, du 2 au 7 juin prochains. »

Un long frisson me traverse.

Zoom arrière : le 5 septembre 1972, à Munich, une prise d'otages assombrit tragiquement le déroulement de la vingtième Olympiade. Onze membres de l'équipe d'Israël sont retenus prisonniers dans le village olympique, sous la menace d'un commando palestinien baptisé « Septembre noir ». Leur intrusion a déjà fait deux victimes parmi la délégation israélienne. Lors des négociations, le principe d'un transfert des terroristes vers l'Égypte est arrêté. Peu éprouvée aux situations de crise, la police allemande requiert la présence de tireurs d'élite sur le trajet menant à l'aéroport. L'assaut est donné sur les pistes, dans l'improvisation la plus totale. Aucun représentant israélien n'en sortira vivant. Quant aux preneurs d'otages, ils seront au nombre de trois à paraître entre les cordons de policiers allemands, qui déplorent eux aussi une perte humaine.

Si elle pose à jamais un voile noir sur les cinq couleurs de l'Olympie, cette prise d'otages va, en France, réveiller les consciences. Notamment sur la nécessité de créer une unité spéciale en mesure de répondre à toutes sortes d'attaques terroristes. En novembre 1973, la Direction générale de la gendarmerie nationale (DGGN) confie au jeune lieutenant Prouteau le commandement de l'« équipe commando régionale d'intervention ». À l'époque, la DGGN souhaite l'implantation d'une unité spéciale par région. Faute de moyens, elle doit y renoncer. Le principe de la création d'une unité d'élite au niveau national est cependant validé. Ainsi, le 1er mars 1974, Christian Prouteau prend le commandement du groupe d'intervention de la gendarmerie nationale, spécialisé dans le contre-terrorisme et la libération d'otages. Il est d'abord scindé en deux unités : le GIGN I basé à Maisons-Alfort, et le GIGN IV à Mont-de-Marsan. En 1976, elles se rejoignent sous le même toit, avant d'emménager à Versailles-Satory en 1983.

Composé d'une trentaine d'hommes lors de sa mise en place, le groupe comprend aujourd'hui près de quatre cents personnels. Si sa devise, « Le GIGN, s'engager pour la Vie… », imaginée par le général Denis Favier, demeure inchangée, ses activités, elles, se sont largement diversifiées. Autour de la force d'intervention, à l'origine de sa création, sont venues se greffer d'autres ramifications : la « force sécurité/protection », dédiée à la surveillance de sites ou de personnalités menacés, la « force observation/recherche », spécialisée dans la collecte de renseignements, la « force appui opérationnel », qui maîtrise des domaines très spécifiques comme l'utilisation des explosifs ou les technologies de l'acoustique. Au fil des années, cette unité d'élite s'est hissée au sommet de l'expertise pour la gestion des crises. Plus de six cents otages et sept cents ressortissants français en danger doivent leur salut aux hommes du GIGN.

Chaque fois qu'il recrute des volontaires, le groupe lance un appel auprès de la DGGN qui le transmet, à son tour, à toutes les unités mobiles et départementales. En ce mois de février 1980, la procédure ne fait pas exception à la règle. Tandis que je dévale, insouciant, les pistes enneigées, le capitaine Baudhuin prend l'initiative de me porter candidat. Depuis des mois, il sait ma volonté de tenter ma chance. Qu'il soit remercié pour son appui sans faille dans cette entreprise un peu folle car son soutien discret et assidu a constitué un atout inestimable pour affronter la semaine fatidique. Suspendu à la barre de fer, à moitié rouillée, fixée entre deux planches près du secrétariat, j'enchaînais les tractions sous ses encouragements. Musculation, natation, marathon, mon obstination n'avait d'égale que ma motivation. À une discipline près…

Inscrit à des cours de karaté dès mon arrivée à Cherbourg, mon emploi du temps m'empêche, hélas, de fréquenter les tatamis autant que je l'aurais souhaité. Trop de déplacements à honorer. Ces absences répétées aux passages de grades m'ont permis, malgré tout, de décrocher le titre de la plus vieille ceinture blanche de la Manche !

Pour le reste, j'ai bien l'intention de ne pas relâcher mes efforts. Je sais que l'on n'intègre pas le GIGN en « bachotant ». Physiquement et mentalement, je me prépare déjà depuis deux ans. Le sésame qui m'ouvrira ses portes ne se limite pas à une obligation d'excellence. Il me faudra aussi prouver ma polyvalence. Mon expérience en ELI et mon stage commando à Quélern représentent autant de petites victoires remportées face à des situations extrêmes.

Toutefois, si certaines épreuves de franchissement m'ont révélé leurs secrets, je peux compter sur l'imagination des hommes du lieutenant Prouteau pour concocter d'autres adversités inédites. En attendant d'y goûter, restons humble et, surtout, évitons la blessure qui ruinerait tous mes espoirs. Prudemment, je me résous à maintenir le même rythme en attendant le jour J. Seule mon imagination s'emballe parfois à la nuit tombée, peu avant le passage du marchand de sable…

Lorsque d'aventure la fatigue me gagne, je sais pouvoir compter sur la solidarité de tous mes camarades. Jamais, lors de mes entraînements, ils n'ont relâché leurs encouragements. Dans la boue des parcours du combattant ou les eaux chlorées de la piscine. Inscrit à cette sélection sous les couleurs de l'escadron, je devrai me montrer digne de sa confiance. C'est aussi grâce à elle que je n'ai pas cédé à l'abattement face à autant de pression supplémentaire à gérer. Lorsqu'elle se fait trop pesante, je me rappelle les paroles de mon capitaine : « Sachez, Daniel, que je vous compte parmi nos meilleurs éléments. Et qu'en cas d'échec au GIGN je serai ravi de vous accueillir à nouveau dans l'escadron. » Ainsi suis-je assuré de pouvoir grandir au sein de la grande famille de la gendarmerie. Quoi qu'il arrive…

Dimanche 1er juin 1980. Gare de Cherbourg. Vers quelle destinée professionnelle m'entraîne ce train pour Paris qui s'arrête en hurlant le long du quai ? Avant d'embarquer, j'ai pris la précaution de poser une semaine de permission juste après l'épreuve des tests. Selon le résultat final, elle me permettra de savourer sereinement ma victoire en famille ou de prendre le recul nécessaire pour « digérer » la mauvaise nouvelle.

Après un dernier périple en métro, me voici à Maisons-Alfort. Par-delà le mur d'enceinte s'élève une tour de quinze étages, érigée pour l'entraînement des supergendarmes. Maintes fois, je l'avais contemplée en photographies, feuilletant des revues consacrées à la gendarmerie. Je pensais la connaître par cœur. Pourtant, les marques noires laissées par le cuir des rangers sur ses façades en béton me confrontent brutalement à la réalité. Pas de doute, il me faudra, moi aussi, partir à sa conquête. Comme les modestes descentes en rappel de vingt-cinq mètres effectuées à Quélern me semblent soudain dérisoires ! Ici, on a doublé la mise...

Je me présente à l'agent de sécurité :

« Gendarme Daniel Cerdan, escadron de Cherbourg.

– Vous êtes attendu à l'amphithéâtre. »

Au sein de la garnison, les personnels du GIGN cohabitent avec leurs collègues départementaux et mobiles. Autant de branches réunies autour des valeurs propres à la gendarmerie.

Nous sommes une cinquantaine à pénétrer dans la salle. Comme au bon vieux temps de la communale, chacun répond présent à l'appel de son nom. Gardes républicains, gendarmes mobiles, départementaux, ou unités spécialisées : tous les corps de la quatrième armée sont représentés.

Balayant du regard l'assemblée, je tente d'évaluer les aptitudes de mes futurs concurrents. À cette heure, nous ignorons encore le nombre final de lauréats. Cinq ? Dix ? Quinze ? Le secret reste jalousement gardé par l'encadrement.

C'est alors que le lieutenant Prouteau entre en scène, escorté par un aréopage d'athlètes en survêtement bleu brodé d'un galon tricolore. La tenue du GIGN au quotidien. Élancés, souriants, la mèche pas franchement réglementaire, il émane de chacun d'eux la sérénité des hommes bien dans leur peau. Christian Prouteau en tête. Jeune lieutenant aux idées novatrices, il commandait une équipe d'intervention légère, lorsque la Direction générale de la gendarmerie nationale évoqua son nom. Rapidement, il a ancré sa légitimité dans des actes de bravoure réalisés en première ligne sur le terrain. Comme en témoignent, sur son visage, les stigmates d'un coup de fusil de chasse, reçu lors de l'arrestation d'un forcené. Dès son arrivée, le silence s'est fait :

« Bonjour, messieurs. Heureux de vous voir si nombreux. Sachez d'abord que je ne serai pas en permanence à vos côtés lors de cette semaine. Nous nous croiserons de temps à autre et je remonterai le moral des troupes le cas échéant ! »

Le ton est direct. Le regard bienveillant. Le style détendu. Après six années d'existence, la longévité du GIGN repose sur les seules vocations qu'il parvient à susciter auprès des hommes les plus motivés de la gendarmerie. Chaque arrivage constitue donc une source de satisfaction pour ses membres honoraires, soucieux d'imposer leur expertise dans le dispositif de la sécurité nationale.

Poursuivant les présentations, Christian Prouteau se lance dans un rappel historique. Sans vanité, il égrène les épisodes qui fondèrent la spécificité de son unité. Gestion de mutineries, neutralisation de terroristes, prise en charge de forcenés, la liste est impressionnante. Sans oublier, en février 1976, la prise d'otages par des rebelles somaliens de trente écoliers à Djibouti, qui propulsa la réputation du GI à l'échelle internationale. Puis, il enchaîne : « Vous êtes toujours volontaires ? »

Au fur et à mesure de son exposé, certains visages se sont légèrement défaits… Comme des gamins dont les doigts de pieds sont recroquevillés au bord du plongeoir, nous sommes à quelques heures de sauter dans le vide.

Afin de tomber les masques, le lieutenant Prouteau s'enquiert alors des disciplines de prédilection des uns et des autres : « Qui a déjà pratiqué le parachutisme ? Qui possède un bon niveau de plongée ? Qui maîtrise les sports de combat ? » Çà et là, des mains se lèvent autour de moi. Certaines, même, à plusieurs reprises. « Soyez polyvalents », qu'ils disaient... Auprès de mon ami Robert Floch, je me retranche derrière une prudente discrétion. Il sera toujours temps d'évoquer mon titre de plus vieille ceinture blanche de la Manche...

« Messieurs, bon courage et bonne chance ! » Après cet ultime encouragement, le lieutenant et ses adjoints tournent les talons. Retour au cantonnement.

En poussant la porte du dortoir, un sentiment de déjà-vu s'empare de moi. Sous mes yeux, une joyeuse assemblée ultramotivée s'active en vidant ses valises. Avant de rejoindre la caserne, nous avons tous reçu une liste d'équipements recommandés pour le passage de ces tests : tenue de sport, treillis, rangers, sans oublier la fameuse musette des troupes aéroportées – sac de toile vert profond qui, lesté d'une bonne dizaine de kilos, nous accompagnera lors des fameux huit kilomètres commando. En l'évoquant, je ne puis résister au plaisir de vous confier une anecdote.

En novembre 1983, je suis envoyé dans les Pyrénées, à Mont-Louis, pour suivre une formation de moniteur commando. La plus infernale et la plus convoitée qui soit : six semaines de stage hors limite. Chaque jour, nos forces sont un peu plus entamées par des courses d'orientation nocturnes et des parcours d'obstacles particulièrement hostiles. Jamais de ma vie je n'ai avalé autant d'anti-inflammatoires ! L'ultime épreuve consiste en un raid d'une semaine, le dos meurtri par onze kilos de matériel, sur un itinéraire de près de cent kilomètres. La veille du départ, le lieutenant Larmet, chef de brigade, me convoque dans son bureau :

« Bonjour, Cerdan. Tu vois ce boulet, là, près de la porte ? »

Une masse de plus de dix kilos est effectivement posée sur le carrelage.

« Oui, mon lieutenant.

– Eh bien, il va faire le raid avec toi.

– Pardon, mon lieutenant ?

– Tu l'emportes avec toi dans ton sac.

– Bien, mon lieutenant. »

En refermant la porte, mon « cadeau » sous le bras, la colère me crispe les mâchoires. Qu'ai-je fait pour mériter cette punition teintée de provocation ? Onze plus dix égale vingt et un kilos à transporter pendant une semaine sur mes épaules : définitivement, le compte n'est pas bon ! Comment opérer une soustraction quasiment vitale à la poursuite de mon stage ? Il me reste à peine une journée pour trouver la solution. En désespoir de cause, je me rends à l'infirmerie et je tente un coup de poker. Le médecin des armées s'est absenté. Un aspirant peu amène m'accueille en aboyant :

« C'est pour quoi ?

– Un problème de boulet.

– Je vois, mais qu'attendez-vous de moi ?

– Eh bien, il souffre d'un mal mystérieux incompatible avec les prochaines épreuves.

– Ah ?…

– Je suis donc venu vous demander de l'exempter du raid. »

Après quelques secondes de suspense, le visage soupçonneux de mon interlocuteur s'éclaire enfin :

« Très bien. Je vais vous remettre un certificat : “Je soussigné, médecin aspirant X, confirme que le soldat Le Boulet se trouve dans l’incapacité physique de suivre le raid.” »

Puis, il me raccompagne vers la sortie, me gratifiant d’un sourire complice.

Retour à la case départ. Je frappe à la porte du bureau du lieutenant.

« Encore toi, Cerdan ?

– J’ai une mauvaise nouvelle, mon lieutenant : le boulet ne pourra pas participer au raid.

– Ah oui ? Et pourquoi donc ? »

Sans en rajouter, je lui tends mon précieux document.

« Très bien. Dépose-le près de la porte. »

Cet horrible présent consistait, en fait, à tester ma réaction. Reçu « cinq sur cinq » !

Revenons à Maisons-Alfort. Une fois installés, nous sommes invités à gagner le mess pour un dîner à la bonne franquette, dans une absence totale de protocole qui nous ferait presque oublier la raison de notre présence en ces lieux. Un ultime moment de répit avant le coup d’envoi…

En ce lundi matin, il est prévu à 7 h 30 au gymnase. En chemin, j’aperçois une plaque commémorative, fixée dans le hall de l’immeuble de commandement. On peut y lire le nom de Raymond Pasquier.

C’était en 1977, lors d’une démonstration de « *tuggle-rope* » – imaginez une tyrolienne tendue entre une tour de cinquante mètres et un immeuble de trente étages. Ce maréchal des logis-chef de trente-quatre ans périt dans un terrible accident. Au fur et à mesure de sa progression, la corde à laquelle il était relié s’élimait inexorablement. Suspendu au-dessus du vide, il finit par s’immobiliser, sous le regard épouvanté de ses compagnons. Avant de s'écraser au sol, il prononça ces mots : « Attention en bas, je lâche. » Le gendarme Pasquier fut le premier à mourir en exercice, sous les couleurs du GIGN. La caserne porte aujourd'hui son nom.

En passant devant cette plaque jour après jour, ses frères d'armes continuent d'honorer sa mémoire. Rappelant que la mission du groupe consiste d'abord à préserver la vie. Et que la maîtrise, aussi parfaite soit-elle, n'exclut jamais l'aléa.

Entre les murs de béton du gymnase, l'heure est à la concentration. Chacun s'échauffe en solitaire, alternant pas de course et étirements. Le programme de cette première épreuve se décompose en quatre agrès : tractions, pompes, abdominaux et montée de corde lisse. Pour ma part, il débute sous une fine barre transversale. « Cerdan, c'est à toi ! »

Par la seule force des bras, je parviens à me hisser dix-huit fois au-dessus d'elle. Deux tractions de plus que lors de mes entraînements habituels : toujours ça de gagné. Mais quid de mes compagnons ? Restons concentré. Sur le tapis bleu, allongé sur le dos, les jambes repliées, je livre toutes mes forces dans l'enchaînement de cent cinquante abdominaux. À peine le temps de reprendre mon souffle, me voilà face au sol, pour l'épreuve des pompes. Mes muscles tressautent. Je crains les assauts de l'acide lactique. Une, deux, trois… Malgré la fatigue, je me surprends à compter jusqu'à quarante-sept. De quoi espérer me maintenir dans la moyenne. Enfin, je me dirige vers ce qui semble le tour de force le plus redouté de la matinée : la corde lisse. Il s'agit d'y grimper, sans l'enrouler entre ses jambes, dans une course harassante contre le chronomètre. Agile, léger et superpréparé grâce aux précieuses recommandations de

Guytou, je parviens à son sommet. Vive les petits gabarits ! Épuisés par les agrès précédents, certains concurrents ne parviennent pas à décoller. Pour eux, la sanction tombe sans appel : élimination d'office.

Retour au mess. Il s'agit de reprendre des forces au plus vite. Dans un concert improvisé de glissements de chaises et d'entrechoquements d'assiettes, les conversations manquent cruellement d'originalité :

« Combien as-tu fait de pompes, toi ?

– Ah oui, quand même ! Et à la corde, combien ? »

À l'instar d'une bande d'étudiants fébriles au sortir d'une épreuve de baccalauréat, chacun cherche à se rassurer comme il peut.

Quatorze heures : rassemblement dans la cour en treillis et rangers, direction le stand de tir de Versailles-Satory. Débarqués des camions, nous nous postons à l'extérieur de ce blockhaus de deux cents mètres de long sur cinquante de large. Derrière les cibles, une montagne de sable a été déversée pour accueillir les projectiles.

Par groupe de dix, nous avançons vers notre paillasse, selon les consignes du directeur de tir : « Mise en place de la gauche vers la droite. Numérotez-vous ! »

Chacun d'énoncer le numéro de sa rangée.

Après les trois essais nécessaires à l'évaluation de l'axe de tir, dix cartouches nous sont remises. Le test peut réellement commencer.

« Prêt à tirer ? À votre initiative : ouvrez le feu ! »

Allongé sur le ventre, je pose mes coudes au sol en guise de trépied. Sous mon casque, une paire de boules Quies enfoncées jusqu'aux tympans m'isolent totalement. Concentration maximum. Je sais, par expérience, qu'il est fatal de fixer mon regard sur la cible, au risque de flouter mon champ de vision. Mieux vaut ne pas lâcher l'encoche du viseur. Lentement, évitant les à-coups, j'enfonce mon doigt sur la gâchette. Pour ne pas provoquer d'accélération de mon rythme cardiaque, susceptible d'entraîner de légers tremblements, je ne retiens pas ma respiration. Au contraire, j'expire calmement. Toute mon attention se porte sur mon index. Dans le respect des règles du tir sportif, je me laisse alors surprendre par le départ du coup. Avant de laisser doucement retomber mon bras. Après un temps de relâchement indispensable – les fusils pèsent entre cinq et six kilos –, je prends à nouveau position.

Contrairement à celles passées dans la matinée, cette épreuve ne sera pas éliminatoire. Nous le savons bien. Elle permet essentiellement d'évaluer nos capacités, sans viser la performance. Performance que nous aurons tout loisir d'améliorer au cours des huit mois de formation préalable à notre admission définitive.

De retour à Maisons-Alfort, malgré les ampoules et les courbatures, je suis plutôt satisfait de cette première journée. Sans avoir pulvérisé des records, mes prestations me semblent correctes. Par ailleurs, j'ai su éviter la blessure qui plane au-dessus de nos têtes telle une épée de Damoclès risquant de briser définitivement toutes nos espérances. À ce stade, notre seul objectif consiste, un jour après l'autre, à pouvoir s'aligner sur la ligne de départ. Un demi bien frais en fin de journée pour évacuer la pression, et nous regagnons avec bonheur la bonne vieille toile de nos lits « Picot ».

Un nouveau terrain de jeux nous attend en ce mardi matin : celui des douves de la garnison. Le programme des réjouissances s'annonce plutôt corsé. Il y a du « *tuggle-rope* » dans l'air… Comment, à cet instant, ne pas penser au gendarme Pasquier, décédé lors d'une démonstration similaire ? Les pouls s'accélèrent. Tandis que les cadres du

GIGN installent le matériel, nous sentons monter le grand frisson : toujours le même câble, fixé sur les douves à une vingtaine de mètres pour rallier la surface du sol. Nulle autre possibilité que de s'y laisser glisser jusqu'à l'amas de pneus censé nous réceptionner à l'arrivée. Quand faut y aller, faut y aller ! Déjà confronté à l'exercice lors de mon stage à Quélern, je plonge sans trop d'appréhension. Pour ne pas dire avec une légère pointe de jubilation. Pour d'autres, l'exercice semble moins évident. Parfois même inenvisageable. Un refus qui signe, hélas, un aller sans retour vers… la sortie.

Outre nos tempéraments téméraires, l'aisance de nos mouvements est observée à la loupe. Notamment lors des épreuves de franchissement face auxquelles les douze travaux d'Hercule font figure de promenades de santé. Sans relâche, nous enchaînons les tours de force au cours desquels nos biceps sont sollicités sans ménagement : escalade d'une façade de dix mètres – agrippés à une corde par la seule force des bras –, maniement d'échelle spéléo, varappe, etc. Si toutefois nous en doutions, l'« insurmontable » n'existe pas pour les hommes du GIGN. Des façades d'une maison d'arrêt à la coque d'un paquebot, tous les types d'offensive ont été anticipés. Aussi les techniques de franchissement constituent-elles la base des entraînements.

Après un petit quart d'heure de sieste réparatrice, l'après-midi est à nouveau consacré au tir. Cette fois, au pistolet automatique MAC 50.

L'objectif de toutes ces heures passées, bras tendus et casque aux oreilles, dans les douves de la caserne n'a rien à voir avec la production en série de « supercow-boys » tirant plus vite que leur ombre. Les gendarmes du GI ne sont pas des mercenaires ! Bien au contraire. Seule la pratique intensive du tir permet la maîtrise absolue de l'homme sur son arme. Techniquement et émotionnellement. S'entraîner plus pour dégainer moins : telle pourrait être notre devise.

À cet égard, je me souviens d'une alerte particulièrement probante. Promu chef de groupe, j'avais à mes côtés, ce jour-là, deux jeunes stagiaires. Traditionnellement, nous avons l'habitude, au terme de leurs huit mois de formation, d'en cornaquer quelques-uns, lors de certaines sorties. Il s'agissait en l'occurrence de la neutralisation d'un individu dangereux, retranché dans son appartement. Six heures du matin, la colonne des hommes en combinaison bleu marine se tient prête dans la cage d'escalier. Au « top action », les explosifs font voler la porte d'entrée. Sous un épais nuage de fumée, l'appartement est plongé dans l'obscurité. J'en profite pour m'introduire dans la salle à manger. À cet instant précis, le rideau tendu à la lisière du salon se met à onduler de façon suspecte. Notre homme, susceptible d'être armé, tenterait-il une échappée ? Fort des automatismes acquis au stand, je fais feu sur la tenture, à un mètre au-dessus du sol. Et recueille, dans un ultime réflexe, une femme terrorisée qui s'écroule dans mes bras en hurlant. Contrairement à nos informations, le gars ne vivait pas seul. Juste après la déflagration, sa compagne, suspectant une explosion de gaz, s'était précipitée au salon. Ses blessures, heureusement, se révélèrent superficielles. Quant à notre homme, il fut arrêté dans la foulée. Ce « cas pratique » permit à mes gendarmes stagiaires d'enregistrer la leçon une bonne fois pour toutes : l'usage d'une arme à feu ne peut être envisagé qu'en dernier recours. Tout en évitant le tir fatal. Sans le respect de ce principe, une innocente aurait vraisemblablement péri sous leurs yeux : une expérience plus convaincante que bien des discours.

Certes, le 357 Magnum demeure l'une de nos armes les plus efficaces, principalement en matière de dissuasion. Mais, dès qu'il s'avère envisageable, notre principal atout demeure l'effet de surprise. Là encore, je ne résiste pas à ranimer du passé une illustration de mon propos. En compagnie de deux gendarmes, chacun spécialisé dans les sports de combat, j'avais été appelé en renfort pour procéder à l'arrestation d'un assassin. Il est courant que les brigades départementales fassent appel au GIGN lors d'interpellations présumées dangereuses. Après avoir récupéré un trousseau de clés chez le concierge, nous attendons patiemment notre « client » dans son propre salon. Un cliquetis dans la serrure fait office de « top action ». Montée d'adrénaline. Je bondis du canapé. Puis, à pas feutrés, m'approche prudemment du judas. Il s'agit bien de notre homme. Derrière moi, mes compagnons se sont mis en joue instinctivement face à la porte. D'un geste, je leur ordonne de baisser leurs armes. Puis, tandis que le malfrat fait son entrée, je saisis fermement son bras et le fais basculer par-dessus mon épaule. La seconde d'après, il est hors d'état de nuire. Mission accomplie. Sans mise en péril de la vie d'autrui.

Mais revenons à cette fameuse semaine de juin 1980. Chaque passage d'épreuve constitue un mini-événement au sein de la caserne. Les gendarmes titulaires ne boudent pas leur plaisir d'assister au spectacle. Ils apprécient ainsi nos prédispositions qui nous permettront d'intégrer la « famille ». Pour les « bleus » que nous sommes, cette présence confirme la mise en route d'un processus d'adoption particulièrement réconfortant. Assis sur la pelouse, en toute décontraction, ils ne sont pas avares d'encouragements. À l'heure des ultimes délibérations, leurs témoignages pèseront de tout leur poids dans la balance. La force du GIGN prenant sa source dans la solidarité, il s'agit d'éviter l'intrusion de francs-tireurs, susceptibles de mettre à mal la cohésion du groupe. Ainsi sommes-nous jaugés tant sur nos aptitudes physiques que sur notre sens de la fraternité.

Mercredi, troisième jour, et toujours dans la course. En début d'après-midi, nous nous apprêtons à gagner la piscine de Satory. Quand, soudain, le cours des événements s'accélère. Une alerte vient de tomber. Conscient du privilège unique de suivre, depuis leur repaire, un départ des hommes du GI, je ne manque pas une seconde de leur préparation. En attendant qu'ils s'éloignent vers de nouvelles aventures, les épreuves sont suspendues, certains de nos instructeurs étant, à cet instant, réquisitionnés.

Curieusement, le stress ne semble pas les atteindre. Quelques-uns grillent même tranquillement une cigarette, adossés aux 504 breaks prêtes à vrombir sous les coups d'accélérateur. Dans les coffres, l'arsenal habituel : fusils FRF1, armes spéciales, et les fameuses tenues 4S – combinaisons ignifugées des gendarmes mobiles – parées sur l'épaule du fameux écusson du GI. Dès que la DGGN donne son feu vert, le cortège s'ébranle, selon un dispositif parfaitement maîtrisé.

À peine remis de nos émotions, nous voilà en maillots de bain, au bord d'un bassin de vingt-cinq mètres. Au programme, un lot d'épreuves particulièrement redoutées : un saut depuis le plongeoir de dix mètres et une série de longueurs à effectuer en apnée… pieds et poings liés. L'idée d'être immergé, ainsi ligoté, paraît totalement effrayante. Même pour les nageurs les plus aguerris. Grâce à Guytou – encore lui ! –, je me suis préparé avec acharnement dans les couloirs de la piscine de Cherbourg. Sous le regard atterré de certains nageurs qui se sont mordu les lèvres pour ne pas crier au fou. Combien de tasses ai-je dû boire pour

1970. Enterrement du général de Gaulle. Son cercueil est posé sur un engin blindé de reconnaissance. Plus de trente ans après, je commanderai les gardes républicains qui présentent les honneurs. (© D. Cerdan)

1982. Ma première intervention a lieu à Sainte-Ruffine en Moselle. J'étais « binômé » avec Jean-Louis Maussion, décédé lors d'un entraînement de parachutisme. (© D.R.)

1985. Arrivée de François Mitterrand en visite à Nouméa. Je cherche mon autorité du regard. (© R. Malbec)

Moment d'intimité et retrouvailles avec François de Grossouvre quand nous avons rejoint la résidence du haut-commissaire. (© R. Malbec)

1983. Départ pour Damas avec celui que je surnomme FDG. Alors que je m'assois au fond de l'appareil, François de Grossouvre m'invite à m'installer à ses côtés. (© D. Cerdan)

FDG dans le bureau qu'il occupait à l'Élysée. C'est là que je le trouverai mort le 7 avril 1994 en fin de journée, assis dans son fauteuil. (© D.R.)

1984. Beyrouth. Nous faisons escale sur le porte-avions *Clemenceau* où nous avons déjeuné, après une dépose en Super Frelon. (© S. Roquin)

1984. Au retour de notre mission au Liban, nous faisons escale à Larnaca, à Chypre, avant de monter dans un Transall qui nous emmènera à Paris. (© M. Banand)

Charles Hernu, ministre de la Défense, assiste à la prise d'armes dans le port de Beyrouth avant le départ des forces françaises. Toute la zone était sécurisée. (© D. Cerdan)

À Mont-Louis, j'effectue mon stage de moniteur commando. Le test de fin de stage s'appelle « la piste noire ». Nous étions les premiers à l'inaugurer.
(© J.-M. Larmet)

L'entraînement hélicoptère est indispensable.
(© Ph. Archambault)

L'entraînement parachutisme me procure un plaisir indicible. (© Ph. Archambault)

L'entraînement avion se compose de nombreux exercices : héliportage tout en douceur sur le toit d'un 747 puis investigation de l'appareil. (© LPC/Mongaudon)

Prise de mesure d'un réacteur ! (© R. Malbec)

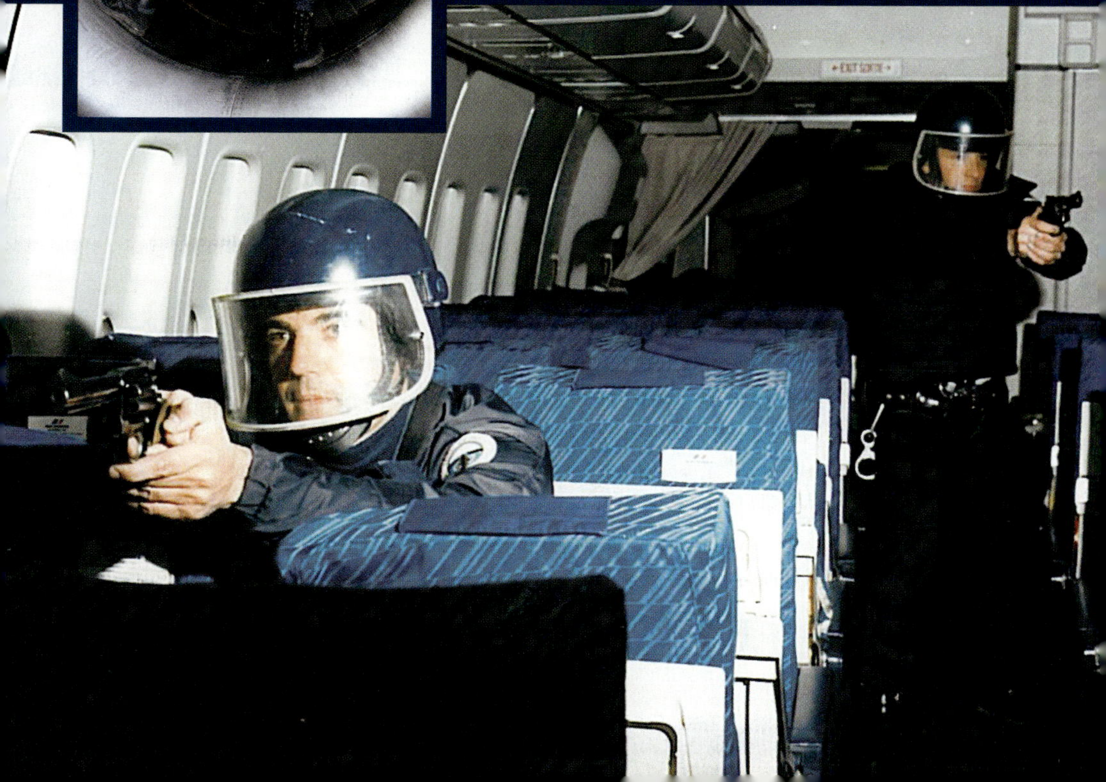

Entraînement technique d'investigation d'un bâtiment. Il n'y a pas de place pour l'improvisation. Le drill est primordial pour la réussite de nos interventions.
(© J. Postel)

1989. Arme planquée à la cheville et cotte de travail d'agent du réseau électrique… Il faut parfois endosser d'autres uniformes pour passer inaperçu et mener à bien notre mission ! (© R.Malbec)

Série d'entraînements avec les commandos Hubert à Toulon dans le cadre du contre-terrorisme maritime.
© D. Cerdan)

1985. Au cours du stage Nedex, j'apprends à neutraliser des explosifs. La devise en vigueur prend tout son sens : « La première erreur est la dernière. » (© A. Boudoui)

Je passe l'examen pratique qui consiste à ouvrir une enveloppe piégée. (© A. Boudoui)

Je revêts l'équipement de protection pour procéder à l'ouverture d'une enveloppe. (© J.-M. Grivel)

1985. Intervention dans la ferme de La Foa, en Nouvelle-Calédonie. La cohésion du groupe est capitale et décisive. (© D. Cerdan)

Le GIGN reçoit deux ordres de réquisition ; le premier ne comporte pas l'usage des armes ; le deuxième stipule que « l'autorité militaire reste libre d'en régler l'emploi ».

HAUT COMMISSARIAT
DE LA REPUBLIQUE

REQUISITION PARTICULIERE

AU NOM DU PEUPLE FRANCAIS

NOUS, (1). Edgard PISANI, Délégué du Gouvernement en Nouvelle-Calédonie et Dépendances – Haut-commissaire de la République

requérons en vertu de la loi,

M. onsieur le Lieutenant-colonel

Commandant. le sous-groupement opérationnel CENTRE À LA FOA

de prêter le secours des troupes nécessaires pour (2) (3). intervenir à LA FOA le 11 janvier 1985 à partir de 14 H 00 afin de protéger la ferme LAPELLERIE harcelée par de nombreux mélanésiens armés. L'emploi de la force pour l'exécution de la présente réquisition ne comporte pas l'usage des armes.

et pour garantie dudit Commandant, nous apposons notre signature.

Fait à Nouméa, le 11 janvier 1985

Signature

Edgard PISANI

INDICATIONS COMPLEMENTAIRES AU VERSO

(1) Indiquer le nom et la qualité de l'Autorité requérante
(2) Indiquer de façon claire et précise l'objet de la réquisition et l'étendue de la zone dans laquelle elle doit être assurée. Si la réquisition est prise sous le signe de l'urgence, mention explicite doit en être faite ici.
(3) Quand la réquisition a pour objet la dispersion d'un attroupement par l'emploi de la force, la mention ci-dessous doit obligatoirement être portée dans le texte de la réquisition.
"L'emploi de la force pour l'exécution de la présente réquisition ne comporte pas l'usage des armes".

HAUT-COMMISSARIAT
DE LA REPUBLIQUE

REQUISITION COMPLEMENTAIRE SPECIALE

AU NOM DU PEUPLE FRANCAIS

NOUS, (1). Edgard PISANI, Délégué du Gouvernement en Nouvelle-Calédonie et Dépendances – Haut-commissaire de la République

requérons en vertu de la loi,

M. onsieur le Lieutenant-colonel

Commandant. le sous-groupement opérationnel CENTRE À LA FOA

de prêter le secours des troupes nécessaires pour (2) (3). appréhender dans les meilleurs délais le 12 janvier 1985 à partir de 06 H 00, la bande de mélanésiens armés, regroupés dans la vallée de LA FOA, près du DOGNY. L'emploi de la force pour l'exécution de la présente réquisition comporte l'usage des armes, l'autorité militaire reste libre d'en régler l'emploi.

et pour garantie dudit Commandant, nous apposons notre signature.

Fait à NOUMEA, le 12 janvier 1985

Signature

Edgard PISANI

INDICATIONS COMPLEMENTAIRES AU VERSO

(1) Indiquer le nom et la qualité de l'autorité requérante
(2) Indiquer de façon claire et précise l'objet de la réquisition et l'étendue de la zone dans laquelle elle doit être exercée.
Si elle est prise sous le signe de l'urgence, mention explicite doit en être faite ici.
(3) Quand la réquisition a pour objet la dispersion d'un attroupement par l'emploi de la force, la mention ci-dessous doit obligatoirement être portée dans le texte de la réquisition :
"L'emploi de la force pour l'exécution de la présente réquisition comporte l'usage des armes, l'autorité militaire reste libre d'en régler l'emploi"

Arrestation des Mélanésiens armés, dans la ferme de La Foa, par le GIGN. Un escadron de gendarmerie mobile prend en charge les indépendantistes. (© D. Cerdan)

Technique de franchissement entre deux bâtiments. (© J.-J. Marlière)

1988. Compétition intergroupes d'intervention en Autriche. Le GIGN est alors sous le commandement de Philippe Legorjus. (© Ch. Prouteau)

Même la Chine avait envoyé une délégation ! (© Ph. Legorjus)

1990. J'ai été appelé en renfort pour le GSPR lors d'un voyage présidentiel à l'Île Maurice.
Bain de foule pour François Mitterrand. (© D.R.)

1992. L'aguerrissement en forêt équatoriale se déroule en Guyane. (© D. Guillemot)
Nous quittons la civilisation pour partir à l'aventure ! (© D. Cerdan)

1992. Le GIGN assure la sécurité des jeux Olympiques d'Albertville. Avec Henri Capiaux, le mécanicien navigant de la section aérienne de Villacoublay, lors d'un ravitaillement. (© D. Cerdan)

1994. Je reçois la médaille militaire en présence de Philippe Legorjus
et de Christian Prouteau, le créateur du GIGN. (© R. Malbec)

1995. En charge de la sécurité du président Clinton, je veille au bon déroulement des séances avec les photographes de presse lors de sa visite. Je suis venu épauler le commandant militaire de Matignon. (© SP/Matignon)

2005-2010, mission ONU en Côte-d'Ivoire. La gendarmerie s'adapte à toutes les situations et coopère avec toutes les unités. (© P. Weiss)

2008, mission Affaires étrangères et européennes. Que c'est beau, Moscou sous la neige ! (© A. Gerbault)

1989. Les vœux de François Mitterrand à l'Élysée. (© D.R.)

Le ministre de la Défense, Paul Quilès, organise un pot en l'honneur de sa garde rapprochée.
(© ECPAD/inconnu)

Vœux de M. et Mme Chirac en 2005. (© D.R.)

À mes frères d'armes.
(© C. Fister)

Brevets et décorations.
(© D. Cerdan)

Je me retrouve sur
le poster de la gendarmerie
nationale en 1982 !
Je me souviens que
le photographe m'avait dit :
« Regardez vers l'avenir ! »
(© D. Cerdan)

endurer ce supplice sans céder à la panique ? Rarement le niveau de stress, combiné à l'effort physique, a atteint un tel paroxysme. Autour de moi, des compagnons craquent. Au bord de l'asphyxie, ils sont hissés hors de l'eau avant de tomber dans les pommes. Bien entendu, il ne s'agit pas, pour le lieutenant Prouteau et ses hommes, de débusquer ici le nouvel Houdini, cet illusionniste passé à la postérité en se libérant de ses chaînes une fois immergé dans un immense aquarium. En revanche, en modifiant les capacités respiratoires de l'être humain, le milieu aquatique se révèle particulièrement adapté pour repousser à l'extrême les limites du self-control. Autant d'aptitudes requises lors d'opérations d'antiterrorisme maritimes. *A fortiori* dans l'éventualité, toujours plausible, d'une évasion à improviser.

Une fois passé ces jeux de plage singuliers, je me félicite de tenir encore sur mes deux jambes. Les résultats intermédiaires viennent de tomber : je me situe dans le premier tiers du classement. Mon rêve demeure à ma portée. Hors de question de relâcher la pression.

La suite nous conduit au centre d'entraînement de Mondésir, pour des épreuves « mystères ». Allons bon. Dans l'enceinte de cette ancienne caserne de l'armée de l'air, les gendarmes mobiles viennent répéter leurs stratégies de maintien de l'ordre. Aux alentours, des ruines en briques rouges abritent des explosifs. Nous gagnons l'une d'entre elles. À l'intérieur des murs, un certain nombre de bouteilles de gaz lacrymogènes ont été malicieusement déposées. Tandis qu'elles déverseront leur gaz irritant, il nous faudra reconnaître les lieux à l'aide d'un plan, selon un itinéraire truffé d'obstacles. Une surprise à pleurer de rire… si j'ose dire ! Premier réflexe : surtout ne pas courir pour ne pas s'essouffler. De surcroît, sans masque à gaz. Car il va de soi que, pour pimenter l'exercice, nous ne pouvons compter sur aucun accessoire.

« Cerdan ! » À moi de jouer. Sur le pas de la porte, je m'immobilise un court instant, le temps de mémoriser la configuration des lieux. Puis, mains en avant, je m'enfonce dans un nuage de plus en plus compact ; l'air devient irrespirable. Ne pas s'affoler. Surtout ne pas s'affoler ! Mon expérience en ELI m'a appris à éviter deux erreurs fatales sous l'effet du gaz lacrymogène : se frotter les paupières et ne pas retenir suffisamment sa respiration. Après une sévère effusion lacrymale et la moitié d'un poumon crachée sur le perron, je m'extirpe enfin de cette maison du diable. Malgré mes yeux de lapin russe, le stress n'a pas eu raison de moi. Mais gardons-nous des fanfaronnades ; la partie est loin d'être gagnée.

Si cet exercice eut pour moi le goût salé des larmes, certains de mes camarades ont dû affronter d'autres « joyeusetés ». Notamment la course folle de molosses lancés à leurs trousses, toutes canines dehors. Engoncés dans leur combinaison de mousse, ils affichaient un sourire plutôt crispé. Attendant stoïquement l'impact avant de s'écrouler au sol en tentant de rester entiers.

Lors de ma carrière, j'ai endossé, hélas, plus souvent qu'à mon tour le fameux équipement de maître-chien à l'occasion de quelques démonstrations. Un « privilège » dû à des mensurations un peu plus raisonnables que celles de mes coéquipiers ; elles me permettaient de me glisser dans cet étrange habit sans en faire sauter les coutures… « Un volontaire pour la démonstration ? Marcel ! » Résigné, j'acceptais, tête basse. Inutile de lutter, le sort s'acharnait sur moi. Le soir venu, je comptabilisais, sous la douche, les stigmates de ces furieux corps à corps. En effet, si les panoplies molletonnées étaient censées empêcher les morsures, elles constituaient un rempart peu efficace contre les pincements de canines particulièrement acérées…

Jeudi : avant-dernier jour. Place aux tests d'agressivité. Les équipements de Robocop, disposés au pied du ring érigé dans le gymnase, augurent d'une certaine intensité dans les combats. Lorsque l'on porte le patronyme d'un champion du monde de boxe – Marcel Cerdan –, difficile de se montrer médiocre. Les encouragements de mes camarades ne me laissent guère le choix, je dois me montrer à la hauteur d'une certaine réputation. Même si c'est celle d'un autre ! De surcroît au regard des similarités physiques qui nous lient, comme deux enfants d'Algérie que nous sommes. Vous comprendrez alors qu'au fil de mes mutations je fus systématiquement rebaptisé « Marcel ».

Pour l'heure, il s'agit surtout de parer les crochets et autres directs du droit pour se maintenir le plus longtemps possible à la verticale. Un vrai défi en matière de boxe américaine, où tous les coups sont permis. À les observer à l'échauffement, nos adversaires, sélectionnés pour leur maîtrise du noble art, ne semblent pas disposés à simuler les uppercuts. Parmi eux, Jean-Paul et Régis, moniteurs de sports de combat, et Michel, champion de France militaire de boxe en 1972. Rien que ça ! Un casque en mousse enfoncé jusqu'aux sourcils, je me prépare psychologiquement à une avalanche de caramels. Craignant, à juste titre, que ce heaume dérisoire ne protège que des caresses.

« Marcel, c'est à toi ! » Immobile au milieu des cordes, Jean-Paul m'invite à le rejoindre. C'est donc face à l'un des plus redoutables maîtres du full-contact qu'il me faut tenter de survivre. Sa silhouette interminable et ses biceps larges comme mes cuisses m'évoquent le combat de David contre Goliath. Misant sur mon petit gabarit et mon art de l'esquive, j'opte pour la stratégie de la danseuse étoile : un pas chassé à droite, un saut de chat à gauche, je virevolte aux quatre coins du ring pour préserver mon meilleur profil. Jusqu'au moment où un coup de pied sur la tempe met un terme à mes gesticulations. Je m'écroule de tout mon long. Plus de son, plus de lumière. C'est la main tendue de mon adversaire qui m'extirpe de ce moment d'absence : « Merci, Marcel. Bon combat. » Ouf ! Je suis encore vivant ! Mais je garderai pendant quelques jours au coin de l'œil le témoignage violacé de ma bravoure. D'autres furent moins chanceux. Ainsi, mon ami Thierry, dont la carrure suffit, en principe, à calmer les instincts les plus belliqueux, eut droit à un K.-O. en bonne et due forme. Ce qui ne l'empêcha pas de s'illustrer quatorze ans plus tard en s'introduisant au péril de sa vie dans le cockpit du Vol AF 8969 lors de la prise d'otages de Marignane.

Après cet ultime séjour au gymnase, retour au mess pour une pause détente. Malgré nos faciès de gamins tombés de leurs mobylettes, chacun reste en lice pour affronter les deux derniers tests : le parcours du combattant et la marche commando.

Deux disciplines déjà appréhendées à Quélern pour lesquelles mes mensurations modestes et ma vélocité constituent des atouts non négligeables. Tyrolienne, escalade, corde lisse, je m'élance en confiance. Pour certains, confrontés pour la première fois à ce type d'obstacles, l'aventure prend fin sans appel. Impossible d'improviser une tactique sans avoir été aguerri à ces techniques particulières de franchissement. Pour d'autres, c'est la fatalité qui se met en travers du chemin. Ainsi, mon ami Hervé, victime d'une entorse, voit disparaître tout espoir d'incorporation. Bien plus que la douleur, cette infortune lui brise le cœur. Heureusement, ce ne fut que partie remise. Repéré par les cadres du GIGN, il fut autorisé à repasser les tests l'année suivante. Une seconde chance, qui, cette fois, fut couronnée de succès.

Quant à moi, à l'issue des deux courses, je décroche une troisième place encourageante.

Dix-sept heures. Fin des festivités. Tout au long des épreuves, j'ai mis un point d'honneur à garder le sourire. La bonne humeur étant souvent contagieuse, j'ai tenté d'en transmettre chaque jour un peu plus à mes compagnons d'armes. Éreinté, mais heureux, je regagne mon bâtiment en compagnie de Robert, alias « Gregory Peck » pour les intimes.

Quelques hématomes et autres pansements témoignent ici et là de l'âpreté de l'aventure. Mais quelle expérience ! En elle-même, elle représente déjà une victoire. Certes, le principe du concours m'interdit toute spéculation. Toutefois, quel que soit le résultat, j'ai déjà accumulé de belles histoires à raconter à mes petits-enfants.

Après une bonne douche, nous rendossons nos vêtements civils. Puis, fébriles, nous gagnons l'amphithéâtre où le classement final nous attend. Peu à peu, la pression retombe. La fatigue reprend le dessus et, avec elle, le stress et l'appréhension. Je m'efforce de rester confiant. En toute objectivité, je connais le nom de ceux qui, sans conteste, se sont révélés des compétiteurs hors d'atteinte : Jean-Louis, Patrick… Mais la question demeure : combien de places se libéreront-elles derrière eux ?

Escorté d'une quinzaine d'hommes, Christian Prouteau, tout sourires, fait son entrée. Arborant ses légendaires lunettes, il entame ainsi son discours :

« Messieurs, sachez que je suis heureux de vous avoir vus si nombreux passer les tests. Et je dois avouer que le niveau de cette session est particulièrement élevé… »

Frisson dans l'auditoire. Combien d'entre nous se seront montrés à la hauteur ? Écarquillés malgré les cocards, nos yeux fixent la chaire.

« Voici donc les noms de ceux qui nous rejoindront. Premier : Jean-Louis Maussion ; deuxième : Patrick Berteau ; troisième : Hervé Schaeffer ; quatrième : Jean-Claude Dubois… »

Jusqu'où ira-t-il ? La tension est à son comble. Mais il poursuit :

« Cinquième : Michel Lefèvre ; sixième : Daniel Cerdan. »

Sixième : Daniel Cerdan ! Sixième : Daniel Cerdan… Combien de tractions ? De pompes ? De kilomètres parcourus ? D'efforts consentis pour décrocher cette étoile désormais accessible ? Combien d'anges gardiens pour me conduire jusqu'à elle ? Sixième : Daniel Cerdan… Mes pensées s'envolent vers le capitaine Baudhuin de l'escadron de Cherbourg. Sans lui, je ne me dresserais pas à présent sous le regard de mes camarades. Sixième : Daniel Cerdan… Au sortir du bâtiment, nous nous embrassons tous spontanément. Quelques larmes d'émotion se devinent parfois au coin des paupières. Avec Robert/Gregory Peck, nous n'y échappons pas… Lui, septième, et moi, sixième, nos destins sont à jamais scellés dans l'histoire du GIGN. Patrick Decalf et Jean-Guy Pichegru seront également retenus aux huitième et neuvième places.

Quant à ceux qui, en dépit de leurs efforts, ne sont pas parvenus à réussir l'épreuve des tests, ils savent, malgré la déception, qu'ils sortiront grandis de cette expérience exceptionnelle.

Le téléphone pris d'assaut, je décide de savourer mon succès en solo, réservant au capitaine Baudhuin la primeur de cette grande nouvelle. Puis, vient le tour de mes parents, avec les réactions habituelles : les sanglots mêlés de joie et d'angoisse de ma mère, et l'immense sentiment de fierté de mon père.

Dans le train du retour, je me projette déjà sur l'autoroute de la grande aventure qui s'ouvre devant moi.

6

Premiers frissons

Qu'ils me semblent interminables ces mois passés à guetter ma lettre de mutation ! Lauréat en juin 1980, il me faut attendre le joli mois de mai 1981 pour boucler enfin mes valises. Jean-Louis Maussion, major de la promotion, nous a précédés de quelques semaines. Mais, les murs de la caserne de Maisons-Alfort n'étant pas amovibles pour intégrer neuf nouvelles recrues en une seule fois, je dois prendre mon mal en patience. Toutefois, lorsqu'en mars le GIGN reprend contact avec moi, j'aurais donné tout l'or du monde pour ne jamais avoir à décrocher le téléphone. Henri Jacques, le gendarme instructeur auprès duquel j'ai passé mes tests, vient de se tuer au cours d'un entraînement de plongée. Comme le veut la tradition, une chapelle ardente est dressée dans la salle de commandement. Prévenus personnellement, tous les membres de l'unité sont conviés à se recueillir autour de sa dépouille. En de telles circonstances, le sentiment d'appartenance au groupe se mue en une solidarité exceptionnelle ; chacun peut y puiser pour surmonter sa peine.

En franchissant le poste de garde, je croise le lieutenant Prouteau. Il s'adresse à moi en des termes qui m'accompagneront tout au long de ma carrière :

« Aujourd'hui, Cerdan, vous apprenez de la plus triste

des façons que la mort fait désormais partie de votre environnement. »

Étrange pas de deux que mènent les hommes du GIGN avec la mort. Le nier conduirait au suicide. Le redouter, à l'impuissance. Pendant trente-quatre ans, je tenterai de trouver le juste milieu de cette alternative.

Ainsi confronté au pire visage de ma nouvelle réalité, la disparition d'Henri Jacques marque mon incorporation d'une empreinte indélébile.

Le 1er mai 1981, mon camarade Michel Lefèvre et moi-même avançons vers notre nouvelle destinée. Huit mois d'instruction nous séparent encore du fameux écusson. Trente-deux semaines au cours desquelles il faudra nous montrer digne de la confiance de nos pairs.

En guise d'intronisation, je reçois en main propre les deux « compagnons » qui me suivront tout au long de cette ultime formation : un revolver automatique Mac 50, et un fusil semi-automatique 49/56. Deux armes de base qui, grâce à un entraînement intensif, me permettront de faire de ma gâchette le prolongement naturel de mon index. Utilisé par la gendarmerie, le Mac 50 fait pâle figure face au mythique Manurhin 73, sélectionné par le lieutenant Prouteau pour devenir l'un des emblèmes du GIGN. Doté d'un barillet de seulement six cartouches, il réclame une maîtrise parfaite. En arrêtant ce choix, le lieutenant confirme qu'au sein de son groupe toute balle tirée doit atteindre son objectif. Inutile de préciser que nous attendions avec impatience d'échanger notre piètre réservoir à munitions – qui, de surcroît, nous entaillait le pouce à chaque détonation – contre le mythique revolver de Clint Eastwood. Ce jour devait arriver un matin d'août 1981. Ainsi gratifié de l'un des éléments constitutifs de la panoplie des hommes en cagoule, je poursuis le chemin de mon intégration. À mes côtés, le maréchal des logis-chef Henri Malfatti fait office de parrain. Rappelons-le, au GI, la solitude face à l'épreuve est définitivement bannie.

Ces huit mois de formation s'organisent autour de nombreuses activités. Après un traditionnel footing de huit kilomètres, les matinées se déroulent essentiellement sous le toit du gymnase. Dans une ambiance détendue, nous soulevons sans relâche des kilos de fonte et nous nous confrontons aux différentes techniques de full-contact. Au cours de l'après-midi, impossible de déroger aux deux heures de tir quotidiennes. Certains entraînements plus spécifiques, comme l'impressionnante descente en rappel depuis un hélicoptère, s'effectuent sur la tour ; je peux enfin tatouer ses parois avec mes rangers ! Et quelques millilitres de sueur contenus dans la paume de mes mains moites… Lorsque le GIGN installe ses quartiers à Satory, Christian Prouteau imagine un nouvel édifice. D'une vingtaine de mètres environ. Ses façades sont dotées de toutes les configurations de franchissement pouvant se présenter en opération : agrémentées de fenêtres, de filet d'abordage, d'espalier ou d'un mur d'escalade… Tout a été anticipé pour ne pas se laisser surprendre au moment du « top action ». Débordant de quelques mètres au-dessus du vide, une poutre en métal, large de dix centimètres, a été fixée pour les simulations de descente en hélicoptère mentionnées plus haut. Régulièrement, nous sommes invités à venir y tester nos talents de funambules, histoire de confirmer que le vertige n'a aucune prise sur notre mental…

Toutes ces animations spectaculaires se résument à un seul objectif : évoluer, sur la terre comme dans les airs, avec la même aisance.

C'est ainsi qu'un séjour obligatoire à l'école des troupes aéroportées de Pau s'impose à moi. Du 2 au 13 novembre. Parmi les multiples compétences des gendarmes du GIGN, le parachutisme figure au tout premier plan. Comme le souligne la voile gravée bien en évidence sur l'écusson. Je ne cache pas mon impatience : quel plus beau terrain de jeux que le grand bleu pour un insatiable amoureux de sensations fortes ? En préparant mon sac, je m'imagine caressant les nuages, grisé par un sentiment de liberté absolue.

Le départ sur zone est prévu pour 9 heures. Bloqué désespérément sur « temps froid », le baromètre, ce matin-là, s'accorde merveilleusement avec le moral des troupes. Que diable sommes-nous venus faire dans cette galère ? Après avoir récupéré nos équipements, nous suivons les consignes aboyées par les instructeurs. Pas franchement disposés à prendre des gants, les gaillards ! En enfilant mon harnais, je me sens comme un homme-sandwich sur le point de se faire avaler tout cru par l'espace infini du ciel. Soigneusement replié dans son sac de toile, un parachute principal a été placé sur mon dos. Au cas où, son petit frère a été solidement plaqué sur mon ventre. Ainsi parés, nous sommes copieusement secoués par nos moniteurs, intransigeants sur la sécurité. Si elle ne brille pas par sa délicatesse, la méthode se révèle des plus efficaces pour vérifier le bon ordonnancement de notre attirail. Quand bien même, à cette heure, nos tourments intérieurs nous agitent bien plus que cette vigoureuse étreinte. Impossible à présent de revenir en arrière : nous sortons du bâtiment en direction des pistes. Une colonne muette et résignée de quatre-vingts bonshommes se met à fouler mécaniquement le tarmac. Plus question de fanfaronner, l'appréhension nous tord les tripes. À seulement quelques mètres, l'avion, moteur en marche, nous attend déjà. Bétaillère à hélices, crachant généreusement ses relents de kérosène, le Transall reste l'appareil militaire affecté par nature au largage des troupes parachutistes. Derrière un sourire de façade, je fais mine d'ignorer l'angoisse. Surtout ne pas être appelé à descendre la marche le premier... L'un après l'autre, nous pénétrons dans le sombre corridor de métal. Posés, plus qu'assis, sur des strapontins adossés à la carlingue, chacun sourit pour se donner mutuellement du courage.

Tandis que l'engin prend lourdement son envol, les cœurs s'emballent. Certains fronts perlent sous les casques. Nous prenons de l'altitude. À quatre cents mètres au-dessus du plancher des vaches, un jet de lumière déchire soudain la pénombre. Suivi d'un violent courant d'air glacé. Plus de doute : ils viennent de procéder à l'ouverture des portes.

« Debout ! Accrochés ! » Le moniteur hurle ses instructions dans un vacarme terrifiant.

Avec la résignation du condamné, je me lève et accroche ma sangle au câble qui file jusqu'à l'issue fatale. C'est cette sangle qui, reliée à mon parachute, déclenchera l'ouverture automatique de ma voile. En principe... Je récite mon quatrième « Notre Père » lorsque l'ampoule lumineuse qui commande le départ des sauts passe au vert. La sirène enrouée qui l'accompagne marque la mise en route d'un triste cortège vers sa chute désormais inévitable. Un pas de plus et me voilà projeté dans le vide. En guise de bienvenue, le souffle du vent me gratifie d'une claque magistrale. Mes joues vibrent encore lorsque j'aperçois le sol se rapprocher à vive allure de mes rangers. Roulé-boulé. Où suis-je ? Je ne sais plus. Mais, manifestement, mon cœur bat encore. À peine le temps de recouvrer mes esprits, la voix de l'instructeur m'invite, sans plus attendre, à regagner l'avion.

« Allez, les gars, on y retourne ! Mais, cette fois, vous attendrez mon signal avant de sauter. »

Plus question de se laisser tomber à la queue leu leu sans réfléchir. Nos chers instructeurs ont décidé d'agrémenter l'exercice d'une petite pause au-dessus du vide avant de plonger. Loin d'eux l'idée de nous faire profiter d'un panorama insolite. Cette pause, en réalité, doit me permettre d'intégrer mentalement la situation. En principe pour mieux la dominer. Très sincèrement, à l'heure où je rejoins le Transall, ce n'est pas vraiment gagné. Privés de la candeur propre aux premières expériences, nous savons, avec ce deuxième saut, ce qui nous attend précisément. Aussi me glissé-je opportunément derrière l'un de mes camarades à la corpulence imposante. Collé à lui jusqu'à la dernière seconde, je mise sur ses larges épaules pour m'épargner la vision du vide le plus longtemps possible. Hélas mon regard se porte par hasard sur la croix rouge du véhicule de secours, stationné quatre cents mètres plus bas... pour ramasser les morceaux. Inutile de s'attarder. Une tape dans le dos, et je m'élance une nouvelle fois. Tandis que je pénètre l'air à plus de deux cents kilomètres/heure, l'ombre du Transall file au-dessus de moi : étrange sensation que celle d'être doublé, sous les nuages, par l'appareil que vous venez de quitter ! En quelques minutes, je retrouve la terre ferme. Le camion de l'infirmerie militaire devra se passer de moi pour le trajet du retour !

Six sauts sont nécessaires à l'obtention d'un brevet. Dont un... en nocturne. Étonnamment, ce ne fut pas le plus terrible. Mon champ de vision réduit par l'obscurité, la prise de conscience de l'altitude se fait plus abstraite. Une lumière verte, un coup de klaxon, et me voilà sous voile, profitant cette fois plus sereinement du paysage en clair-obscur qui se révèle sous mes pieds.

Plus les sauts se succèdent et plus l'appréhension se dissipe. Lorsque, allongé au sol après la sixième chute, mon visage est doucement recouvert par la toile, je prends cette caresse pour un adoubement définitif : désormais je suis « breveté para ».

Pourtant, même paré de cet écusson tant convoité, je ne peux me résoudre à être pleinement satisfait. Certes, j'ai pu maîtriser ma peur pour me jeter dans le vide. Mais une dimension m'échappe encore : celle du plaisir.

Je décide donc de poursuivre ma formation à la première occasion. C'est-à-dire, deux années plus tard, dans l'enceinte désormais familière de l'école de Pau. Tous les ans, nous venons y renouveler nos six sauts, conformément au règlement. Cette fois, il ne s'agit plus de reproduire mécaniquement les gestes qui m'ont été transmis. Je souhaite posséder les techniques qui me permettront de dominer mon sujet. À Gégé, un camarade pour qui les voiles n'ont plus de secret, j'ai confié mon désir qu'il me prenne sous son aile, si j'ose dire, afin de me perfectionner. « T'inquiète pas, Marcel, avec moi, ça ne sera pas long ! »

Au départ de l'aéroport d'Orléans, nous rejoignons l'école de Pau à bord d'un Noratlas. Une nouvelle bétaillère à hélices qui se distingue du Transall par la forme plus carrée de son empennage. À cette heure, j'ignore que mon compagnon parachutiste possède nombre de relations parmi les pilotes-instructeurs. Avec la complicité de celui qui tient les commandes ce jour-là, il a imaginé une méthode infaillible pour dissiper définitivement mes appréhensions : deux heures de vol en « radada » ! Entendez, par cette curieuse expression aux tonalités enfantines : cent vingt minutes de montagnes russes, au gré des reliefs, à quelque deux cents mètres au-dessus du sol. C'est parti ! Les deux complices se félicitent, entre deux éclats de rire, de battre des records de vitesse. Avec moins d'ostentation, je pulvérise mon score personnel d'allers-retours aux sanitaires. Mais surtout j'apprends que même les situations les plus pénibles peuvent être surmontées.

Le temps de passer au local du matériel, me voilà à

nouveau au bord du précipice. Gégé se tourne vers moi. D'un geste, il m'invite à le précéder.

« Je t'en supplie, Gégé, ne me demande pas ça !

– C'est le meilleur moyen de vaincre ta peur, Marcel. »

À force de tergiversations, je le persuade de me laisser sauter, une dernière fois, dans son sillage. Non sans avoir cédé sur l'une de ses recommandations : marquer un réel temps de pause avant l'envol. Il y a un an, il avait décuplé mon inquiétude. Aujourd'hui, plus question de craquer. Je laisse la bruine picoter mes joues. Moins je résiste à ses assauts et plus je me sens en confiance. Plus je me projette dans l'inconnu et plus je le domine : le secret du parachutisme vient de m'être révélé. Faire face à ses frayeurs pour mieux les exorciser. Je saurai me le rappeler au cours des sept cents sauts qui jalonneront ma carrière. Merci, Gégé ! Grâce à toi, je viens de franchir une nouvelle étape dans le dépassement de soi. Merci pour le spectacle surréaliste de mes camarades s'échappant du ventre d'un appareil, comme un cordon dérisoire déployé dans l'immensité. Pour ces plongées dans la clarté aveuglante d'un soleil suspendu au-dessus des nuages que l'on pénètre ensuite, englouti et trempé par un océan de ouate.

École d'une discipline intraitable, dans laquelle l'approximation se paie comptant, le parachutisme reste principalement envisagé pour déployer discrètement sur zone hommes et matériel. Lors des largages, une gaine lestée de trente kilos de matériel est arrimée à chaque gendarme. Plutôt exceptionnelle en opération, la chute libre demeure l'une des meilleures méthodes pour parvenir à une maîtrise parfaite de soi. Notamment lors des vols relatifs où, un par un, nous nous lâchons au-dessus des nuages, pour mieux nous retrouver et réaliser des figures imposées.

Un jour de 1994, je pris la décision d'éviter le saut de trop. Il faut savoir tourner les pages. Même les plus excitantes.

Si le mois de décembre doit frapper solennellement les trois coups de mon admission définitive au GIGN, novembre marque le coup d'envoi de ma toute première intervention. Au terme de notre formation, il n'est pas rare d'aller éprouver sur le terrain l'enseignement dispensé au cours de ces huit mois. Encadré, comme il se doit, par un groupe de gendarmes titulaires.

Le 24 novembre 1981, j'endosse officiellement le costume des hommes du lieutenant Prouteau : pantalon bleu, veste noire, et Manurhin à la hanche. Il s'agit d'un transfèrement de prisonniers. Pour éviter tout risque inutile aux gendarmes départementaux, les autorités pénitentiaires confient au GIGN la prise en charge des prévenus réputés dangereux. Essentiellement entre la maison d'arrêt et le palais de justice. Avec, parfois, quelques détours par le bureau du juge d'instruction. La sortie du jour consiste à rallier la prison de la Santé au palais de justice d'Évry, en compagnie de quatre hommes suspectés de crime, depuis les quartiers de haute sécurité (QHS) où ils sont reclus jusqu'au banc des accusés. Mais, avant de les escorter, une reconnaissance du tribunal s'impose. Il s'agit de scruter le moindre mètre carré potentiellement foulé par les prisonniers. De la souricière où ils patienteront juste avant l'audience jusqu'aux dédales de couloirs interdits à toute personne étrangère à la sécurité. Pendant ce baptême du feu impressionnant, le professionnalisme et la sérénité de mes partenaires me rassurent.

Vient le jour du transfert. N'ayant jamais fréquenté les couloirs d'une maison d'arrêt, je n'ai aucune idée du choc qui m'attend de l'autre côté du mur. Terrifiant ! À la suite de mes deux équipiers, je découvre un univers immonde et misérable, aux peintures lépreuses et aux murs grillagés, dans des relents abjects de vieilles soupes. À mesure que nous nous enfonçons vers les QHS, le vacarme incessant de l'entrée se mue en un calme oppressant. J'ai le sentiment de passer de cage en cage. Seul le cliquetis des clés déchire, de temps à autre, le silence pesant. Pour ne pas me laisser pénétrer par l'inhumanité de ce cloaque, je progresse en serrant les dents.

Au moment de la fouille, les quatre hommes me dévisagent avant d'obtempérer mécaniquement. De part et d'autre, chacun tente de ménager pudeur et dignité. Je sens chez mes équipiers la ferme volonté de ne pas céder à l'abus de pouvoir. Derrière chaque prévenu, il y a un homme. Nous ne sommes pas là pour le juger. En revanche, à la moindre provocation, ils peuvent compter sur notre sens – musclé – de la repartie.

Les prisonniers sont ensuite escortés jusqu'au fourgon. Nous prenons place à leur côté. Un véhicule de la gendarmerie pour ouvrir le convoi, un autre pour fermer la marche. Notre équipage s'élance vers le tribunal d'Évry au son du « gyro deux tons ». Pour les chauffeurs, les règles sont extrêmement strictes : ne jamais se laisser bloquer ni doubler. Au moindre obstacle ou sens interdit, ils devront prendre la tangente selon un itinéraire repéré en amont.

Suivant un mécanisme bien huilé, les portes du palais se déverrouillent à notre arrivée. Nous attendrons qu'elles soient entièrement closes pour débarquer nos passagers. Il s'agit à présent de gagner la salle d'audience sans traîner. Nous conduisons les détenus dans le box, prêts à intervenir au moindre débordement. Ils prennent place sur leur banc.

Ce sont là mes premières assises. Gagné par la solennité du lieu, j'observe avec intérêt le jeu de rôles qui s'anime sous mes yeux. La réprobation des jurés, l'éloquence des avocats, le charisme des magistrats : un nouveau monde, passionnant et méconnu, se révèle à moi. Comment ne pas être touché par un homme dont la destinée demeure en suspens, entre les boiseries d'une cour d'assises ?

En général, les criminels apprécient d'être pris en charge par les hommes du GIGN. Curieusement, leur ego est flatté : on ne déplace pas une unité d'élite pour du menu fretin. De surcroît, les figures du grand banditisme le savent bien : nous sommes peu enclins à jouer les cow-boys, quelle que soit la circonstance.

Francis le Belge, célèbre caïd de la pègre marseillaise, tombé sous les balles en 2000, était de ceux-là. Chacun de ses déplacements, considérés à haut risque, réclamait invariablement le même dispositif : pas moins de trois Citroën CX 2 400 lancées à deux cents kilomètres à l'heure sur l'autoroute. Bien calé entre deux hommes sur la banquette arrière, il ne se faisait pas prier pour accepter une petite tranche de cake trempée dans une tasse de café. Pour les membres du GIGN, la sécurité n'exclut pas une certaine forme d'humanité. À condition, bien sûr, de respecter les termes du contrat…

Michel Vaujour, intronisé « roi de l'évasion » à ses heures de gloire, devait lui aussi « profiter » de nos services. Un jour, nous devions le guider jusqu'au bureau du juge d'instruction. Avant même de mettre les gaz, il n'a pas fait mystère de ses intentions :

« Je vous préviens, les gars, si à un moment je peux me barrer, je n'hésiterai pas !

– Si l'envie t'en prend, tu vas nous trouver sur ton chemin. »

Pour le bon déroulement du trajet, j'ai décidé que notre échange s'arrêterait là.

7

Action !

1er février 1982. Encore une semaine qui s'achève et toujours pas d'alerte à l'horizon. Comme chaque matin, j'ai sacrifié au footing traditionnel, me gardant de tout excès de zèle : une nouvelle opération peut encore être annoncée dans les heures prochaines...

En attendant, étirements, musculation, sports de combat ; la journée se déroule normalement. Cette semaine-là, j'appartiens au groupe d'alerte dit « de trente minutes ». Comme son nom l'indique, il est capable d'être opérationnel en moins d'une demi-heure. Un autre, dont le départ peut être programmé en deux heures, occupe la caserne à nos côtés. Enfin, un troisième goûte aux joies d'un repos bien mérité. Ainsi s'organise la répartition des emplois du temps des différentes équipes. La proximité de nos appartements, à quelque quarante mètres du quartier général, optimise, à l'évidence, l'efficacité du dispositif. Aussi, du lundi au lundi, sommes-nous cantonnés à Maisons-Alfort, avec interdiction de quitter la base.

Lors de mes toutes premières sorties, le parfum de l'aventure m'a tout juste effleuré les narines. Mais, avec tant de modération, je reste un tantinet sur ma faim. À force de tatouer la tour d'entraînement avec les semelles de mes rangers, j'ai hâte de fouler la réalité du terrain. Manifestement, ce plongeon dans le grand bain n'est pas prévu pour aujourd'hui. Après un passage au réfectoire, l'heure de rejoindre les bras de Morphée sonne. Résigné, je regagne ma chambre à coucher. Non sans avoir, préalablement, déposé mon « bip » d'alerte sur la table de chevet. On ne sait jamais…

Deux heures du matin : un bruit métallique résonne à mes oreilles. Pour la première fois, mon cher boîtier donne de la voix. Juste au-dessus de ma tête, je perçois dans les couloirs de sourds claquements de portes, rythmés par des piétinements précipités. Nul doute, il s'agit bien d'une alerte. Quelqu'un, quelque part, a besoin de nous.

En pilotage automatique, je m'éjecte du lit et me précipite à la fenêtre. Au loin, quelques-uns de mes compagnons s'activent en silence. Dopé par une adrénaline inédite, je saute dans mon survêtement et agrippe mon sac pour les rejoindre sans tarder. À l'intérieur, tout le nécessaire pour subsister vingt-quatre heures à l'extérieur du QG : combinaison d'intervention, vêtements de rechange et nécessaire de toilette. Sans oublier, bien sûr, mon éternel Manurhin. Il est également d'usage de prévoir un bleu de travail au cas où les circonstances nous contraindraient à nous glisser incognito dans la foule. Rien de tel qu'un équipement de plombier ou d'électricien pour passer inaperçu ! Et justifier une intrusion dans un appartement sous prétexte d'une fuite de gaz ou d'une panne électrique à réparer d'urgence. Lors d'un flagrant délit de braquage, j'ai dû enfiler la panoplie du parfait chef de chantier, poussant ma brouette sur des kilomètres en attendant le « top action ». En vain. Ce jour-là, les malfrats avaient changé leurs plans. Notons toutefois que ces messieurs n'ont pas l'apanage du travestissement !

Revenons à cette nuit de février 1982. Sur le parking, l'heure est au chargement des véhicules. En règle générale, les voitures sont réquisitionnées pour des rayons d'action de trois cents kilomètres. Au-delà, nous rejoignons nos objectifs en Transall, depuis la base aérienne d'Évreux ou de Villacoublay. Dans le coffre de nos breaks, six cents kilos de matériel collectif sont stockés en permanence : riot-guns, diffuseurs de lacrymogène, carabines Remington, 44 Magnum, masques à gaz, pied-de-biche et coupe-boulon… Autant d'outils et d'armements spécialisés potentiellement nécessaires lors de l'intervention. La confiance n'excluant pas le contrôle, chaque lundi est consacré à la remise en état du matériel.

À ce moment précis, j'ignore encore notre destination. Seul le pool de commandement, averti par la Direction générale de la gendarmerie nationale, en a connaissance. Selon la procédure, c'est elle qui donnera le coup d'envoi.

En compagnie de mon groupe, je retrouve Paul Barril, adjoint du commandant Prouteau, et deux de ses sous-officiers. Ils nous accueillent autour d'une tasse de café.

« Les gars, nous partons à Sainte-Ruffine, dans la banlieue de Metz. Suite au départ de son épouse, un homme retient ses trois enfants en otages. Il menace de les abattre et de mettre fin à ses jours si sa femme ne regagne pas le domicile conjugal. »

Aucune réaction particulière dans les rangs. Le calme de mes compagnons est contagieux : tant mieux ! En toute confiance, je me porte derrière eux vers l'une des trois Citroën CX 2 400 GTI. Au total, quatre gendarmes prennent place par véhicule ainsi que l'un de nos chiens malinois dont la contribution s'est souvent avérée précieuse. Porté par des pattes de velours, il n'a pas son pareil pour s'introduire n'importe où, le plus discrètement possible. Quant à sa force de dissuasion, je l'ai déjà évoquée !

Je m'installe à l'arrière. Jean-Louis Maussion, lui, prend le volant. À cette heure avancée de la nuit, l'autoroute de l'Est

est quasi déserte. Devant nous, Paul Barril et ses adjoints ouvrent la marche. Nous avalons les kilomètres pied au plancher. Vais-je être à la hauteur ? Cette angoisse ne cesse de hanter mes pensées. Heureusement, les plaisanteries de Jean-Louis et des autres font diversion. Mais pas assez car elle m'assaille à nouveau. Serai-je capable de me jeter dans la mêlée au « top action » ? Pour me donner du courage, je replonge dans le souvenir de mes entraînements récents. Me remémore certains réflexes. Je sais que mes partenaires comptent sur moi. Je n'ai pas le droit de les décevoir. Nous arrivons sur zone au petit matin. En entendant Jean-Louis resserrer le frein à main, une première décharge d'adrénaline m'électrise.

Tous les regards convergent vers un pavillon anodin, apparemment endormi. Isolé au cœur d'un périmètre de sécurité établi par les gendarmes mobiles, il a soulevé les plus vives inquiétudes des autorités locales. Procureur, directeur de cabinet du préfet, maire : elles ont toutes fait le déplacement. Dans la lumière froide et bleutée de l'aube, je suis spontanément mes camarades vers une salle éloignée du lotissement. Nous y déposons le matériel. Sans perdre une minute, le capitaine Barril et son escorte rejoignent les gendarmes départementaux pour un « point de situation » – entendez un compte rendu, le plus précis possible, incluant plan de la maison et des alentours, portrait psychologique du forcené affiné par les témoignages de ses proches. Autant d'informations indispensables, consignées dans un rapport par le commandement de la brigade départementale. Grâce au cadastre, nous connaissons l'ordonnancement exact des pièces, les principales issues ainsi que l'emplacement des prises téléphoniques. Un forcené n'étant pas un truand, il conserve, malgré le stress, certains réflexes. Comme celui de s'approcher d'une fenêtre lorsqu'il entend les aboiements d'un chien. Ou, tout bêtement, celui de répondre au téléphone. Ces quelques secondes d'inattention nous suffisent pour investir les lieux par une issue opposée. On ne soupçonne pas le nombre de crises qui connurent un dénouement heureux grâce à France Télécom ! À condition toutefois d'être à jour dans ses déclarations au cadastre... Je me souviens d'un escalier sur lequel nous comptions pour prendre d'assaut une villa ; une fois dans les murs, nous n'avons pu que constater qu'il avait mystérieusement disparu. Quand vous procéderez à des modifications dans votre logement, ayez une petite pensée pour les gendarmes du GIGN : n'oubliez pas de les déclarer spontanément, selon les principes prévus par le législateur !

Comme souvent, il s'agit en l'espèce d'un drame sentimental. D'autant plus préoccupant que son principal protagoniste semble ne plus rien avoir à perdre. Ses trois enfants, de onze, huit et cinq ans, sont potentiellement en danger de mort. Il menace d'ouvrir le feu à la première approche d'un uniforme. Toutes les tentatives de dialogue ont avorté. La situation paraît totalement bloquée.

L'heure est venue d'établir une stratégie. Je perçois l'angoisse des autorités locales. Elles ne nous quittent pas du regard. Nous commençons par procéder à une reconnaissance. Le capitaine Barril désigne quatre observateurs-tireurs d'élite, en tenue de camouflage, munis d'un fusil de précision et d'un équipement radio. Pendant ce temps, j'enfile mon gilet pare-balles et me porte derrière mon équipe, disposée en colonne le long d'un muret. Chacun pose sa main sur l'épaule du gendarme qui le précède. Un moyen simple et efficace de transmettre des informations en silence, à l'aide d'une simple tape. Tapis dans le sillage de notre capitaine, le seul à avoir gardé ses vêtements civils pour ne pas apeurer notre homme, nous avons reçu la consigne de nous approcher au plus près de la maison. Premiers essais radio. Le commandant ouvre son micro :

« Observateur 1 ?

– En place.

– Observateur 2 ?

– En place.

– Observateur 3 ?

– En place.

– Observateur 4 ?

– En place. »

Mon pouls s'accélère. Quelque deux cents mètres me séparent encore des otages. Et seulement une poignée de secondes du « top action ». Soudain, la radio grésille. L'un de nos observateurs intervient : « Le forcené vient de sortir de la maison. Il se tient actuellement loin de la porte d'entrée. Il n'est pas armé. »

Contre toute attente, Paul Barril s'élance vers le portail. Lestés de tout notre attirail, nous nous élançons dans son sillage, dans un entrechoquement de bruits métalliques digne de la bande-son de *La Grande Vadrouille*. Alerté par ce vacarme, le preneur d'otages, un colosse d'origine marocaine, fait volte-face et se précipite pour regagner son domicile. Paul Barril bondit vers lui et plaque sa cuisse dans l'encadrement de la porte en hurlant. La seconde d'après, une charge de huit hommes surentraînés pulvérise la porte d'entrée, projetant le désespéré sur le lino. Immobilisé puis menotté, il est mis hors d'état de nuire. Selon la formule consacrée, le capitaine conclut officiellement l'intervention : « Forcené neutralisé. Sans heurt et sans blessure. »

Jamais je n'oublierai ce géant brisé, secoué de larmes, face contre terre. Cet homme anénanti n'avait cependant pas omis de rester père. Nous retrouverons ses trois enfants sains et saufs, réunis dans une même chambre, à l'abri de sa colère.

Dès la fin des opérations, les gendarmes départementaux investissent les lieux et prennent en charge la fratrie, tandis que nous relevons ce père détruit. Notre mission à ses côtés n'est pas encore terminée. Il s'agit à présent de l'escorter jusqu'à sa prise en compte par les gendarmes. À l'abri des murs de la brigade, nous lui ôtons les menottes ; lui aussi mérite le réconfort d'une tasse de café bien chaud. Malgré son désarroi, une perspective d'avenir demeure encore envisageable. Quant à ses enfants, ils seront confiés aux services sociaux.

Après ce « petit déjeuner » offert généreusement par nos collègues départementaux, l'heure est venue de rentrer au bercail. Le lotissement se réveille doucement. Ici et là, les fenêtres des voisins s'illuminent. Pour la plupart, ils prendront connaissance des événements dans leur quotidien local. Tandis qu'ils savourent sereinement leurs tartines, notre cortège regagne Maisons-Alfort. À cet instant seulement, je sens retomber la pression. Calé confortablement contre le dossier de la banquette, j'entame un petit somme réparateur.

Lorsque nous retournons à la base, samedi en début d'après-midi, une ultime étape nous attend. Dans la salle de commandement, nous sommes conviés à un débriefing. Une autocritique dans laquelle chacun livre ses commentaires personnels sur le déroulement de l'alerte. Sans censure ni autosatisfaction. Consignées dans un rapport remis ensuite à la DGGN, ces analyses permettent de perfectionner sans relâche le dispositif.

La réunion achevée, je regagne mon appartement. Les yeux fixés au plafond, dans le silence de ma chambre à coucher, je savoure la satisfaction du devoir accompli, dopé par la force d'un collectif que je ne soupçonnais pas aussi puissante. Sans doute la grande leçon de cette première mission. Alors que les images se bousculent dans mon cerveau, je cède, sans réticence, à l'invitation au repos. À mes côtés, mon boîtier d'alerte saura l'interrompre en cas de nécessité…

La présence bienveillante de Jean-Louis Maussion lors de ce baptême du feu fut, sans conteste, un soutien de poids dans la confiance qu'il me fallait acquérir en mes propres capacités. Ce gaillard toujours pressé – véritable force de la nature – collectionne les titres de marathonien comme les prix de camaraderie. Quasiment voisins, nous nous fréquentons régulièrement au cours de repas partagés à la bonne franquette avec nos proches. Dans la grande famille des gendarmes du GIGN, Jean-Louis compte parmi les plus héroïques. Sa volonté de progresser n'a d'égale que sa curiosité de découvrir de nouvelles disciplines. À ce titre, les sensations extrêmes du parachutisme l'attirent naturellement sous la voile. Tout juste breveté, il entame une formation de chute libre, au paraclub de Laon. Contrairement aux sauts en automatique, la chute libre consiste à décider soi-même de l'ouverture de son « pépin ». En tirant sur un câble, le parachute replié dans un sac de toile se libère et se déploie grâce à un ressort d'environ un mètre, baptisé « zébulon ».

Ce jour-là, Jean-Louis, tête la première dans l'immensité azuréenne, s'apprête à déployer son parachute. En actionnant le dispositif d'ouverture, une suspente – l'une des cordes reliant la voilure au harnais – s'enroule autour de son pied. La violence du choc est terrible. Elle lui écartèle la jambe. Ne le voyant pas se relever, ses compagnons accourent. Impuissants, ils comprennent aussitôt le drame qui vient de se jouer sous leurs yeux. Toujours en vie, mais souffrant le martyre, le gendarme Maussion est transporté à l'hôpital. Pendant quinze jours, il lutte contre la gangrène. Au colonel venu lui rendre visite, il trouve pourtant le courage d'un trait l'humour, s'excusant pour sa « tenue peu réglementaire ». Une fois encore, Jean-Louis se montre exemplaire dans son combat. Après plusieurs amputations, la mort finit par l'emporter, le 7 juin 1982. Il n'avait pas trente ans.

Au sein du groupe, son décès est vécu comme un cataclysme. Anéantis par la peine, nous ne pouvons nous résoudre à la disparition aussi cruelle de l'un des meilleurs d'entre nous. Jamais je n'oublierai la silhouette de son épouse. Penchée sur son défunt mari, la jeune femme lui caressait tendrement le front, dans la lumière glacée des néons de la morgue. Tout le groupe fit le déplacement pour lui rendre un dernier hommage. Après Raymond Pasquier et Henri Jacques, il rejoignit le funeste cortège des hommes du GIGN tombés en service.

Compagne du quotidien, la mort est un paramètre à intégrer en permanence, comme dans n'importe quel métier « à risque ». Pourtant, dois-je l'avouer aujourd'hui, au cours de ces quatorze années, la perspective de la mienne ne m'a jamais effleuré. Peut-être me pensais-je naïvement protégé par la légitimité de ma mission ? Seule ma toute première intervention m'a fait céder aux tourments de l'angoisse. Au fil des opérations, elle a fini par revêtir les attraits d'une forme d'excitation et, quelques fois, d'un stress évident. Celui-là même qui, justement, combat les excès de confiance. À l'instar du boulanger poussant tous les matins les portes du fournil, chaque alerte fut pour moi la mise en route d'une gestuelle, inlassablement répétée à l'entraînement. En d'autres termes, le simple exercice de mon métier.

Si aujourd'hui le GIGN s'est doté de psychologues afin d'aider ses hommes à évacuer des épisodes traumatisants, il n'en était pas de même à mon époque. Évolution des mœurs. Désormais, l'émotivité n'est plus une maladie honteuse. Je m'en réjouis. Certaines visions d'horreur, notamment lors d'arrestations de forcenés, ont été parfois difficiles à dissiper.

Une nuit, mon groupe est sollicité pour neutraliser un individu suicidaire. Barricadé dans son appartement depuis plusieurs jours, il menace de faire feu sur quiconque tenterait de le ramener à la raison. Les heures tournent. Jusqu'au premier coup de feu : cette fois, nous ne pouvons plus attendre. Soucieux, en priorité, de préserver la vie de l'individu, nous optons pour la diffusion de gaz anesthésiants. Malheureusement, une telle méthode ne garantit pas de succès systématique. Les personnes, *a fortiori* soumises au stress, réagissent inégalement face à ces lacrymogènes. Néanmoins, nous faisons le pari. Une première grenade est lancée. Puis une deuxième. Suivie dans la foulée d'un troisième jet. Toujours aucune réaction par-delà les volets clos. Un être humain normalement constitué ne pourrait raisonnablement résister à des quintes de toux compulsives. Mais le silence perdure. Le commandement décide alors de donner l'assaut. Masques à gaz plaqués sur le visage, nous forçons la porte sans résistance particulière. Selon la procédure, toutes les pièces sont investies simultanément. Plongés dans la pénombre, nous ne distinguons aucune âme qui vive. Au-dessus du salon, je devine l'armature en bois d'une mezzanine. Regroupant d'un geste mes compagnons, j'entame ma progression le long d'une échelle posée contre le garde-corps. Le groupe va prendre place derrière moi, protégé par leurs boucliers dans la position dite « de la tortue ». Les yeux à hauteur du plancher, je m'immobilise sur le dernier barreau. Face à moi, le long du mur, les contours d'un divan de velours se détachent dans l'obscurité. Lentement, le faisceau de ma lampe remonte jusqu'à lui pour en suivre le profilé de la gauche vers la droite. À son extrémité, une masse flasque et sanguinolente jaillit soudain dans la lumière ; je reconnais un morceau de cervelle. Semblable à un pantin posé à l'autre bout du canapé, l'homme gît inanimé. Son visage indemne ne laisse rien paraître de la tragédie qui vient de se dérouler. Seul l'arrière de son crâne explosé trahit l'horreur de son geste. « Les gars, c'est fini. » À ces mots, mes camarades se dispersent et procèdent aux contrôles d'usage dans le reste de l'appartement. Il nous faut vérifier l'absence d'otages et de tout autre armement. Quant à moi, je désarme la victime. Après avoir déchargé sa carabine, je quitte les lieux sans m'attarder. Mes collègues départementaux poursuivront l'enquête. Malgré mes quatorze années de service, je ne me suis jamais habitué à ce genre de découverte macabre.

Outre ces scènes traumatisantes, les gendarmes du GI doivent assimiler nombre de tensions psychologiques tout en gardant la même distance, sous peine de ne pouvoir passer à l'action. La pression atteint son paroxysme lorsque la crise met en péril la vie de jeunes enfants. Je me souviens particulièrement d'une opération, à nouveau au cœur d'un drame familial. Ne pouvant supporter l'idée d'une séparation, un père retient son nourrisson en otage. Il a promis de l'exécuter avant de se suicider si l'épouse infidèle ne lui revenait pas. L'échec des tentatives de prise de contact laisse présager le pire. En de telles circonstances, le mutisme traduit la détermination de ceux qui n'ont plus rien à perdre. Après une interminable période à guetter, en vain, la moindre défaillance, il nous faut intervenir.

Dans les cas d'individus isolés, nous savons qu'une attaque déclenchée vers 6 heures du matin nous permettra de tirer avantage de la fatigue accumulée par le forcené. Même auprès d'énergumènes les plus opiniâtres. En revanche, lors d'une prise d'otages comme celle-ci, chaque cas est particulier. La seule stratégie possible consiste à détourner vers nous le canon du tireur au moment du « top action ». Comme toujours, les informations délivrées par le cadastre constituent une aide précieuse. En l'occurrence, nous savons que le pavillon se compose d'un salon et de deux chambres à coucher. Mais impossible de localiser l'enfant. Passé un certain délai, le temps n'est plus notre allié : même sans indications, il nous faut passer à l'offensive. En quelques secondes, la porte d'entrée cède sous la pression d'un puissant coup de bélier. Nous investissons les lieux en hurlant. Pour un court instant, seulement. Gisant dans une mare de sang répandu sur la moquette du salon, le désespéré a mis sa menace à exécution : une balle de 22 Long Rifle lui a traversé le crâne. « L'enfant ? Où est l'enfant ? » L'angoisse est à son comble. Une à une, nous enfonçons les portes de la maison. Le sort nous épargnera-t-il cette fois-ci une terrible découverte ? « Je l'ai ! » Déposé à même le sol, un enchevêtrement de couvertures attire notre attention dans la chambre parentale. À son extrémité, la frimousse d'un petit bonhomme emmailloté nous fixe avec stupeur. En le délivrant de son carcan, nous avons pu lire sur sa petite main ces mots inscrits au feutre noir : *Papa t'aime*.

Si aujourd'hui le GIGN s'est doté d'une cellule de négociateurs, il n'en était pas de même dans les années quatre-vingt. À nous de manier les armes et la dialectique avec la même expertise.

Ainsi, le 2 décembre 1985, une alerte tombe pour un départ immédiat dans les Ardennes. Au son du « gyro deux tons », nous fonçons en direction de Beaumont-en-Argonne. Dix-huit gendarmes, accompagnés d'un médecin et d'un chien, sont accueillis deux heures plus tard par les hommes de la départementale. Point de situation. Un homme, relativement âgé, retranché seul dans son pavillon, n'entend pas se soumettre à une décision de justice qui vient de le condamner pour braconnage. Il réclame l'annulation pure et simple du verdict sous peine de se faire sauter la cervelle. Ayant déjà fait usage de son arme, une 300 Winchester – du gros calibre –, il n'hésitera pas à récidiver si l'on se hasarde dans son champ de vision. Autant dire que les autorités locales sont particulièrement tendues à notre arrivée. Rétif à toute tentative de dialogue, le forcené, surnommé « Jem », n'a pas fait entendre le son de sa voix depuis des heures. De quoi redoubler de méfiance.

Face à des voleurs de poules ou des criminels de haut vol, le GIGN fait montre de la même vigilance, sans distinction. Sa seule réquisition traduit le caractère potentiellement dangereux des individus. Dans sa folie désespérée, ce vieil homme peut se révéler aussi inquiétant qu'un tueur professionnel. Pour l'un comme pour l'autre, nous mettrons en œuvre le même professionnalisme. Pour les supergendarmes, les opérations mineures n'existent pas.

La bâtisse, une modeste maison de village, est dotée à l'arrière d'une petite cour. Sa façade principale donne sur la rue. Le commandement place trois observateurs, équipés d'un Manurhin 8 pouces à lunette. Ces pistolets de précision garantissent une portée de tir à plus de cinquante mètres. Je suis désigné responsable de l'équipe postée côté rue. Dissimulés dans l'obscurité, nous décidons d'attendre la première opportunité pour investir les lieux. Les minutes puis les heures défilent. Aujourd'hui, à l'initiative du général Favier, actuel commandant du GIGN, la patience s'est imposée comme stratégie prioritaire pour l'interpellation des forcenés. Partant du principe que chaque homme ne peut résister indéfiniment à l'offensive du sommeil, quelques heures dans l'expectative valent toujours mieux que la perte d'une vie.

Le temps est venu de prendre l'initiative. La lumière du jour diffuse ses toutes premières lueurs. Il faut y aller.

7 h 30. Top action ! De part et d'autre du domicile, trois équipes s'avancent, formant un étau qui se resserre progressivement. La stratégie est simple ; il s'agit d'attirer l'individu vers l'une d'elles afin que les deux autres puissent investir les lieux. Henry, le chef de groupe, prend la parole :

« Jem, on est juste de l'autre côté de la fenêtre de la cuisine. On pourrait peut-être prendre un petit café tous les deux ? Qu'est-ce que tu en penses ? »

Silence radio.

Lors de ces phases d'approche, le premier étage focalise toute notre attention. Plus que tout, nous redoutons le canon d'une carabine, sournoisement dissimulé dans l'entrebâillement d'un volet. Grâce à leur OB 50, fusil à vision nocturne dont ils sont également équipés, les observateurs nous en préservent, autant que faire se peut. Leur matériel est en mesure de détecter n'importe quel mouvement dans une nuit qui, rappelons-le, n'est jamais totalement obscure.

Soudain, l'un d'eux ouvre son micro : « Position du forcené à l'arrière ! » Notre homme est repéré côté jardin. Aussitôt, Henry en profite pour casser un carreau et s'introduire dans le couloir. Nous retenons notre respiration pour déceler les premiers signes d'une riposte. Ils ne tardent pas. Alerté par le bris de verre, le braconnier revient brusquement sur ses pas. Je le devine de l'autre côté du mur, à quelques mètres de moi. À mon tour, j'entame le dialogue :

« Merde, Jem, tu ne vas pas mettre ta vie en jeu pour une si petite peine. Pense à ta famille ! À tes gamins ! Réfléchis, si tu abats un gendarme, tu risques la perpétuité ! »

Généralement l'évocation des enfants se révèle un argument de poids pour fendre les armures les plus récalcitrantes. Sera-ce le cas ? Tandis que je guette une réponse, une équipe dispose de l'explosif sur les points d'ancrage de la porte-fenêtre située côté jardin. Toujours pas de réaction. Jusqu'au moment où une forte odeur de gaz s'échappe du carreau brisé par Henry et remonte à mes narines. Responsable de l'opération, le capitaine Bruno s'empare du micro : « Attention, les gars, tentez des appels d'air par tous les moyens, il a ouvert le gaz ! » Brandissant mon pied-de-biche, je me lance alors dans une course effrénée contre la montre. Obsédé par le risque d'une explosion, je m'acharne comme un damné contre l'encadrement d'une fenêtre. Philippe, l'un des observateurs, hurle dans la radio : « Fais gaffe, Marcel, il te tire dessus ! » Levant les yeux, j'aperçois en effet le canon de l'individu braqué sur moi. Une première balle me frôle. Je suis toujours debout, je continue. Mon casque et mon gilet pare-balles sont là pour me protéger : j'ai décidé, une bonne fois pour toutes, de faire confiance à mon équipement. Derrière ce plastron susceptible d'arrêter des tirs de 357 Magnum, je me sens presque invulnérable. Et cette fenêtre qui me résiste ! Pas d'autre choix que de poursuivre ma tâche.

Certains de mes collègues n'ont, hélas, pas toujours connu la même fortune. Investissant une demeure sous les tirs d'une arme de collection, l'un de nos gendarmes dut pivoter légèrement pour se glisser dans l'encadrement d'une porte. Une position qui le rendit vulnérable ; une balle pénétra sous son bras pour venir se loger directement dans le cœur, malgré son gilet. Il s'écroula, mort sur le coup. Depuis, de nouvelles protections ont été imaginées, et recouvrent désormais entièrement les épaules.

En sueur et couvert de plâtre, mes efforts sont enfin récompensés : le châssis est en miettes. Un observateur reprend la parole : « Position du forcené dans la cuisine ! » Ma seule obsession à cette seconde est d'empêcher l'explosion. Certes, l'appel d'air que je viens de provoquer devrait en retarder le déclenchement. Mais pour combien de temps ? Seul dans la maison avec le désespéré, renouer le dialogue est la seule solution pour éviter le drame. Quelques secondes pour retrouver mon souffle. Je poursuis : « Jem, tes six mois vont se transformer en vingt ans. Encore une fois, pense à tes enfants. Tu peux encore arrêter ce gâchis en me remettant ton arme. Maintenant ! » Tout en parlant, je progresse à pas de loup vers la cuisine.

« Jem, je vais rentrer.

– Toi, je te connais. Tu peux venir. »

Je n'en crois pas mes oreilles. Contre toute attente, mon discours prononcé tout à l'heure de l'autre côté des volets a permis de le sortir de son mutisme. Comme un lien à la fois précieux et ténu, il a sans doute reconnu ma voix. Je m'y accroche ; c'est notre seule chance de survie dans ces terrifiants relents de gaz.

« Je vais me présenter devant toi les mains en l'air. Je ne suis pas armé. »

Pieux mensonge… justifié par la gravité de la situation. Comme tous mes camarades, je suis doublement armé ; un petit revolver 2 pouces est caché bien au chaud le long de ma chaussette…

Les volets de la pièce sont toujours clos. Dans la pénombre, je distingue le bonhomme, avachi sur un tabouret, le menton posé sur le canon de sa carabine. Nos regards se devinent. Dans un premier temps, je préfère laisser place au silence. Il ne faudrait pas précipiter notre prise de contact vers une issue tragique par une parole malheureuse. Mais les sifflements des deux bonbonnes de gaz disposées près du mur me laissent à peine quelques minutes pour agir. À cet instant, la voix du capitaine Bruno résonne dans le couloir :

« Monsieur, je suis le responsable du groupe d'intervention. Nous allons pénétrer chez vous. Nous venons pour discuter.

– OK. »

Calmement, le capitaine fait son entrée. Sans presser le pas, il s'immobilise devant les bouteilles de gaz, tout en revissant méthodiquement leurs bouchons. Puis, il passe devant moi, avant de rejoindre le désespéré de l'autre côté d'une table en formica. Ce dernier n'a pas bougé. Le dos voûté, le menton posé sur le canon de sa Winchester, il semble comme paralysé par sa détresse.

C'est alors que je prends conscience d'un changement de donne. D'où je me tiens, il lui est maintenant impossible de m'apercevoir. Profitant de cette sortie providentielle de son champ de vision, je plonge sur ses épaules, avant de le plaquer solidement au sol. Il lève les bras au-dessus de son crâne, comme pour se protéger. Pour le rassurer, je pose calmement ma main sur son épaule : « Jem, c'est fini. »

En quelques secondes, j'ai su mettre en pratique des heures et des heures d'entraînement. Faire preuve, même modestement, de cette capacité d'anticipation enseignée par mes pairs : l'une des forces majeures du GIGN. Une initiative saluée par une demande de médaille de la gendarmerie pour acte de bravoure, appuyée personnellement par le capitaine Bruno. Elle se transforma en « citation à l'ordre de la division ». En plus d'être réactif, j'apprenais qu'un bon gendarme se doit d'acquérir un minimum de sagesse pour ne pas céder à l'amertume ou à tout autre sentiment négatif.

Quant à notre pauvre bougre, il quitta sa demeure la tête basse entre deux képis. Cette mésaventure ne lui fera pourtant pas perdre le goût du braconnage ; des années plus tard, il fera l'objet des mêmes poursuites. Cette fois-ci, toutefois, il se passera de nos services.

Si la neutralisation des forcenés constitue aujourd'hui un faible pourcentage des interventions – moins d'une dizaine par an –, cinquante pour cent des activités du nouveau GIGN relèvent du domaine judiciaire. Régulièrement, les gendarmes sont sollicités par les forces de l'ordre dans la lutte contre le grand banditisme : interpellations, enlèvements, extorsions de fonds, etc. Sans oublier les opérations de flagrant délit. Le plus spectaculaire fut sans doute celui de novembre 1986. Après des semaines d'investigations, nous avions appris l'imminence d'un braquage dans une succursale du Crédit Agricole à Amiens. Les informations recueillies avaient permis de localiser la planque des malfaiteurs dans l'une des nombreuses cabanes disséminées dans les marécages de la Somme. Selon toute vraisemblance, le hold-up était prévu pour le vendredi 21 novembre. Deux jours plus tôt, nous débarquons sur zone à 6 heures du matin. Une première reconnaissance nous révèle que l'agence se situe dans l'un des quartiers les plus commerçants de la ville. Intervenir dans un périmètre à si forte fréquentation est totalement exclu. Nous arrêtons donc le principe d'une interpellation sur l'itinéraire du retour. Aussitôt, des barrages routiers de la gendarmerie sont dressés dans toute la périphérie d'Amiens. Quant au trajet que les malfaiteurs sont supposés emprunter – une départementale serpentant entre les étangs –, il est pris en compte par les hommes du groupe ; ils se positionnent discrètement de part et d'autre de la chaussée. Pour compléter ce comité d'accueil, une herse est déployée à l'extrémité du parcours.

Vendredi 21, 8 heures. Le compte à rebours a commencé. Avec Rémy, Christian et le capitaine Bruno, j'appartiens à l'une des deux équipes de poursuivants. Dissimulés dans une Renault 11 Turbo garée aux abords de la mairie, nous attendons tranquillement l'ouverture de la banque. Un emplacement idéal pour épier les allées et venues sans attirer l'attention. Un motard prêt à s'élancer se tient de l'autre côté de la rue. Les braqueurs sont censés débouler au volant d'une Renault 30. Nous observons le ballet matinal des automobilistes qui se pressent au travail. En complément du dispositif, le médecin a pris place dans un véhicule équipé de matériel d'urgence. Quant à l'hélicoptère, posé à quelques kilomètres, il rejoindra le site dès la fin du braquage pour survoler l'itinéraire des malfrats. Commencent alors de longues heures d'attente. Aussi fiables soient-elles, les informations préalables au montage d'un flagrant délit laissent toujours place aux aléas. Les gangsters renonceront-ils au dernier moment ? Seront-ils présents à l'heure dite ? Autant d'incertitudes qu'il nous faut intégrer, sans diluer l'énergie dont nous aurons besoin au moment de passer à l'action.

10 h 20. Un véhicule de marque Renault répondant au signalement se présente enfin. Après deux passages au ralenti, il se gare à proximité de la banque. Indication par radio des gendarmes départementaux chargés de l'enquête : ce sont bien nos trois « clients ». Le chauffeur reste au volant tandis que ses deux acolytes pénètrent dans l'agence. À peine ont-ils poussé la porte que les radios crépitent, confirmant à tout le dispositif le coup d'envoi de l'opération. Le pilote de l'hélicoptère met en marche sa machine. Alerte générale à tous les barrages routiers : qu'on se tienne prêt à lever les herses !

10 h 30. Les deux individus ressortent du sas de sécurité. Sans accélérer le pas, ils regagnent leur véhicule. Les deux portières claquent simultanément. À nous de jouer ! Christian, le chauffeur, passe la première et se positionne à bonne distance afin d'opérer notre filature sans être repérés. Installé derrière le siège du capitaine Bruno, je ne quitte pas des yeux leur plaque d'immatriculation. À mes côtés, Rémy reste concentré. Notre convoi semble tracer la route dans l'indifférence quand, soudain, la voiture des malfrats accélère. Ils viennent d'entrevoir le capot d'une Peugeot 504 bleue de la maréchaussée, grossièrement dissimulée derrière un bosquet. La course-poursuite s'engage. Armes à la main, nous nous

tenons prêts à intervenir. À moins d'un kilomètre, le gendarme Guy dresse la herse du premier barrage. Lancée à vive allure, la Renault 30 ne semble pas vouloir en tenir compte. Avant que ses pneumatiques ne viennent exploser sur les pointes de métal, le gendarme Éric reçoit l'ordre de poster une Citroën CX en travers de la route. La R 30 ne freine toujours pas. Derrière son riot-gun, Guy se charge de lui administrer une décharge de chevrotine au moment de l'impact. La berline s'immobilise enfin. Mais ses occupants n'ont pas l'intention de rendre les armes. L'un d'eux, pistolet mitrailleur au poing, lâche une rafale dans notre direction. Rémy et moi ripostons immédiatement. Une ambiance de Far West s'empare brutalement des paisibles marais picards. Les balles fusent de toute part. Soudain, l'un des casseurs pointe son 11,43 sur le capitaine Bruno. Une véritable scène d'exécution. Avant même que je n'intervienne, la balle pulvérise sa pommette et se loge dans l'une de ses cervicales. Il s'affale sur le siège. Dans la précipitation, nous avions omis nos casques… Heureusement, le verre spécial du pare-brise a ralenti la vitesse du projectile. Le pire a été évité. La fusillade repart de plus belle. En quelques minutes, je vide deux barillets de 357 Magnum. Derrière son riot-gun, Rémy, lui non plus, ne laisse aucun répit à des individus déterminés à jouer le tout pour tout. Le capitaine Bruno se tient face à moi, une main plaquée sur la joue : « Marcel, je suis touché. » Aussitôt qu'il relâche la pression, un flot de sang jaillit sous ses doigts. Nous parvenons à l'installer en position latérale de sécurité. Alerté par radio, le docteur Kalfon, qui deviendra le médecin de M. François Mitterrand, accourt sous les balles pour enrayer l'hémorragie. Enfin, après une interminable séquence de tirs, nos assaillants paraissent décidés à changer de stratégie. En quelques secondes, le silence des étendues sauvages reprend ses droits. Le temps pour eux de s'évanouir dans la végétation.

Rassurés par les premiers diagnostics de l'équipe médicale, le lieutenant Jean-Pierre et moi-même nous lançons à leurs trousses. Une course effrénée nous conduit au bord d'une vaste mare. À la surface, mon équipier vient de distinguer un enchaînement de cercles concentriques plutôt suspects… Pointant son riot-gun, il s'écrie : « Hé mec, sors de là ! » Surgi du fond des eaux, un individu détrempé et couvert de vase lève les mains en l'air. Et d'un ! Le deuxième nous donnera plus de fil à retordre. Des heures durant, nous quadrillerons le site sans déceler la moindre trace de sa présence. Deux jours plus tard, il sera arrêté par nos collègues de la gendarmerie départementale alors qu'il rejoignait sa planque.

Christian et Rémy, lancés sur la trace du troisième individu, le découvrent gisant dans les marécages ; il a été atteint par une balle en pleine poitrine. Malgré son état, il semble encore vouloir en découdre. Après avoir vidé le chargeur de son pistolet, il dégaine en ultime recours une vieille pétoire. Une riposte bien placée de mes coéquipiers et on n'eût pas donné cher de sa peau. Au lieu de cela, Christian pique un sprint dans sa direction et atterrit sur son dos. Si j'en juge par ses mensurations, l'empreinte du visage de notre braqueur a dû rester gravée dans la boue un certain temps. Mais il eut la vie sauve. Au GIGN, l'usage du muscle l'emporte sur le langage des armes.

8

Éloi Machoro

25 novembre 1984. Mon groupe se tient en alerte depuis près d'une semaine. Jour après jour, les journaux déroulent les événements qui secouent la Nouvelle-Calédonie. À l'occasion d'un référendum sur le statut de l'île, prévu par Edgard Pisani, haut commissaire de la République, des rebelles canaques revendiquent leur indépendance. Des émeutes s'organisent ici et là. Jusqu'à présent, les équipes légères d'intervention ont pu contenir le mouvement. Mais, au fil des heures, la situation se dégrade. Les mouvements de protestation font tache d'huile. Ils rallient de plus en plus de partisans qui n'hésitent plus à se montrer violents. Inquiets, les représentants de l'État font appel à la Direction générale de la gendarmerie nationale, qui transmet immédiatement au GIGN. Le message est relayé à nos oreilles en ces termes : « Les gars, tenez-vous prêts. Un départ pour la Nouvelle-Calédonie est sérieusement envisagé. Une prise d'otages a lieu actuellement sur l'île de Lifou. Nous attendons à tout moment le feu vert de la DGGN. » Réunis dans l'amphithéâtre, nous sommes quelques-uns à relativiser l'information, du moins dans un premier temps. Misant sur un rétablissement de l'ordre public avant notre arrivée – plus de vingt-quatre heures de vol séparent Paris de Nouméa –, nous demeurons plutôt

sceptiques en quittant la réunion. Une mobilisation à l'autre bout du monde d'une bonne partie des équipes semble plutôt disproportionnée. Pourtant, dès le lendemain, la sonnerie de mon boîtier d'alerte me donne tort : il ne nous reste que quelques heures pour rallier l'aéroport.

Pour le jeune Parisien que je suis devenu, cette mission revêt des attraits particuliers. Ceux des cocotiers penchés au-dessus du sable blanc, et des couchers de soleil flamboyants disparaissant dans des eaux bleu lagon. Autant dire, un visa pour le paradis.

Au regard du dispositif déployé, la mobilisation s'annonce d'une exceptionnelle envergure. Près de quarante gendarmes du GIGN sont réquisitionnés, sous le commandement des capitaines Picon et Masselin, rejoints à bord d'un DC 10 spécial par deux escadrons de gendarmes mobiles. Inutile de préciser que le vol n'engendra pas la mélancolie… Conscients de la confiance accordée par les plus hautes autorités du pays, nous savourons sans modération le plaisir de nous retrouver entre militaires. Le vol restera inoubliable. Couronné par une visite improvisée du cockpit sur invitation du commandant de bord. À l'aéroport de Nouméa, les dommages collatéraux apparaissent bien vite sur nos visages pâles, tatoués par de vilains cernes. Nous embarquons pour la cité de Saint-Quentin, base de notre futur cantonnement. Quant à nos deux capitaines, ils retrouvent sans tarder le pool de commandement pour recueillir les toutes dernières instructions.

Loin des casernes vétustes et autres bâtiments classiques de garnison, nous sommes invités à investir des tours de quinze étages, à moitié désertes. Priorité numéro un : le stockage du matériel. Le plus sensible – fibre optique, diffuseur de lacrymogène, etc. – est entreposé dans une salle spécifique. Quant aux appartements sans âme, ils sont transformés en quelques heures en turbulentes chambrées, agrémentées de housses de matelas en guise de doubles rideaux. Notre petite touche personnelle, en quelque sorte !

L'effervescence bat son plein lorsque les officiers décident de survoler l'île pour mieux appréhender la réalité des tensions. Leur hélicoptère Puma s'attarde un moment au-dessus de Lifou, théâtre de la fameuse prise d'otages. Est-ce l'ombre inquiétante de l'appareil stagnant au-dessus des lieux ? La rumeur déjà bien lancée de notre débarquement ? Dès le lendemain, les ravisseurs déposent les armes. Même au-delà des océans, la réputation du GIGN constitue une arme de dissuasion massive !

Dès lors, la présence de notre détachement est-elle encore justifiée ? M. Edgard Pisani répond par l'affirmative. De nombreux foyers d'insécurité continuent d'embraser l'île. Leur propagation potentielle réclame la plus grande méfiance. Toutefois, certains de nos compagnons soucieux de passer les fêtes en famille acceptent la proposition des autorités de regagner leur foyer avant Noël. Pour ma part, il paraît hors de question de repartir après avoir bouclé un tour de cadran pour rejoindre le Pacifique. Sur la base du volontariat, une vingtaine d'autres gendarmes décident de poursuivre la mission. Baptisée par mes soins le « groupe volontaire déplacement longue durée », notre nouvelle unité trouve ses repères sans difficulté. Pour asseoir sa légitimité, je pousse le sens du détail jusqu'à la confection d'une collection de tee-shirts, arborant en capitales les cinq lettres de notre ralliement : G.V.D.L.D.

Oserais-je confesser – sous l'œil accusateur, et à juste titre, de ma famille – que le Noël organisé cette année-là, en compagnie des escadrons de Niort et de Mamers, fut le plus merveilleux de toute ma vie ? Garant des liens indéfectibles qui unissent tous les enfants de la gendarmerie.

Pendant que nous savourons les mets exquis mitonnés par nos cuistots en képi, les rebelles canaques, eux, nous mijotent d'autres spécialités, plutôt pimentées, en vue du passage à la nouvelle année.

Au fur et à mesure des survols effectués au-dessus de l'île, nous constatons une multiplication inquiétante de barrages montés par les rebelles. Malgré tout, la tradition de la Saint-Sylvestre se doit d'être respectée. Aussi, le général Deiber, patron des forces de gendarmerie, renouvelle-t-il à ceux qui le souhaitent sa proposition de regagner la métropole. Le GVDLD décline l'invitation. Après ces nouveaux départs, nous serons au nombre de neuf à rester sur le pont, sous le commandement du capitaine Jean-Pierre.

Dans les heures qui suivent, les autorités proclament l'état d'alerte permanent. Comme une traînée de poudre, les soulèvements embrasent à présent les alentours de Nouméa. L'île est au bord de l'explosion. Suite aux nombreux pillages des fermes caldoches*, les indépendantistes canaques se trouvent à la tête d'un arsenal préoccupant. Leurs échanges avec les forces de l'ordre ont basculé dans un engrenage désormais inacceptable.

La crise atteint son paroxysme le 11 janvier 1985. Ce jour-là, un groupe de rebelles ultraradicaux s'apprête à investir la propriété d'une famille d'origine européenne. Lors de l'assaut, Yves Tual, un jeune lycéen, reçoit une balle en pleine tête et s'écroule dans les herbes. Sa disparition plonge la Nouvelle-Calédonie dans un climat de guerre civile. En fin d'après-midi, une foule impressionnante de contre-manifestants, européens et canaques loyalistes, hostiles à l'indépendance, se rassemble devant le haut commissariat.

* Population blanche essentiellement d'origine européenne (*Note de l'auteur*).

Des dizaines de voitures incendiées paient un lourd tribut à leur colère. De même, tous les appartements ou magasins soupçonnés d'appartenir à des sympathisants du FLNKS sont pris d'assaut et systématiquement saccagés. Tandis que la nuit tombe, les autorités tentent de rétablir l'ordre à grands renforts de gaz lacrymogènes. En vain. Rien ne semble apaiser la haine qui règne désormais sur la ville.

Pendant ce temps, dans la commune de La Foa, à quelques kilomètres au nord de Nouméa, un nouveau palier vient d'être franchi dans cette montée de la violence.

Nous sommes convoqués en urgence. Le capitaine nous informe d'une mise en alerte immédiate : « Les gars, préparez le matériel. Une quarantaine de Mélanésiens armés jusqu'aux dents se sont introduits dans la ferme de La Pellerie pour la transformer en forteresse assiégée. Heureusement, tous les occupants ont été évacués. Nous partons sur zone immédiatement. »

Cette nouvelle provocation des indépendantistes réclame une riposte sans concession. En complément de notre unité, trois escadrons de quatre-vingts gendarmes et deux véhicules blindés à roue de la gendarmerie (VBRG) se dirigent vers cette ferme perdue au beau milieu d'un océan de verdure tropicale.

Si les alentours les plus proches de la propriété ont fait l'objet d'un débroussaillage sommaire, de notre position nous avons néanmoins peu de visibilité. Pour en interdire l'accès, un homme en treillis a été posté tous les dix mètres au milieu des palétuviers. Les gendarmes ont établi un périmètre de sécurité d'un rayon de trois cents mètres autour des insurgés afin de nous préserver de leurs fusils. Le temps de geler la situation, et la nuit enveloppe lentement ce décor aux allures de Fort Alamo. C'est le moment d'effectuer une première reconnaissance. Assigné au poste d'observateur, je suis chargé de neutraliser tout assaillant susceptible de menacer l'un de mes équipiers lors de sa progression. Le visage protégé sous ma cagoule, mon fusil FRF1 en main, je quitte le reste du groupe et m'enfonce dans la végétation.

Régi par le système des réquisitions, l'usage des armes ne s'improvise pas. Il fait l'objet d'un dispositif particulièrement restrictif qui a inspiré cette réflexion au cynisme évocateur : « S'il respecte le règlement, un bon gendarme est un gendarme mort. » En l'occurrence, c'est M. Edgard Pisani, haut commissaire de la République, qui détient le pouvoir d'autoriser telle ou telle riposte. Au nombre de trois, elles prévoient une gradation de réponses, proportionnelles à la gravité de la menace. En imaginant un tel dispositif, les autorités ont instauré une répartition équitable des responsabilités entre les autorités civiles et militaires. S'il était abandonné, comme le laisse présager le projet de fusion, le poids du passage à l'acte ne serait plus supporté que par les seuls commandants d'unités. Et, avec lui, les sanctions susceptibles d'être engagées en cas de mauvaise décision. Décidément, au regard des réformes qui se profilent, les hommes du ministère de la Défense ont une fâcheuse tendance à ne jamais se trouver du bon côté du manche…

Pour l'heure, l'arsenal des réquisitions se décompose toujours de la façon suivante. La première, dite « générale », nous a conduits sur les terres de Nouvelle-Calédonie, en renfort aux dispositifs locaux. Puis, vient la deuxième, qualifiée de « particulière » : elle préconise l'emploi de la force, mais sans autoriser l'emploi des armes. Enfin, la réquisition « complémentaire spéciale » habilite les militaires à faire usage de la force – généralement en usant de grenades lacrymogènes – voire des armes, à condition de l'avoir clairement stipulé. En l'espèce, M. Pisani a signé le document suivant :

Le 11 janvier 1985, à partir de 14 heures : intervenir afin de protéger la ferme La Pellerie, harcelée par de nombreux Mélanésiens armés. L'emploi de la force pour exécution de la présente réquisition ne comporte pas l'usage des armes.

Traduction : si l'utilisation des grenades est désormais permise, les fusils, eux, doivent rester muets.

Après une analyse circonstanciée de la situation, la perspective d'une issue pacifique s'avère de plus en plus chimérique. Retranchés derrière une opposition de principe, les rebelles s'enlisent dans un pourrissement de la crise. Leur chef, Éloi Machoro, incarne la branche la plus radicale des indépendantistes. Délinquant à ses heures, comme le soulignent ses états de service davantage pourvus en bagarres de rue qu'en combats politiques, il n'est pas homme à transiger. L'assaut est inévitable. Nous décidons d'investir la ferme au petit matin. Après une nuit plutôt courte mais sans incident majeur, les premiers éléments du dispositif sont mis en route.

Sur le chemin principal d'accès à la propriété, deux véhicules blindés ouvrent la marche. Je prends place derrière le premier, armé d'un fusil-mitrailleur et d'un diffuseur lacrymogène, fixé sur mon dos à la manière des bouteilles d'oxygène des plongeurs. Serge se poste juste devant moi. Sans nous découvrir, nous progressons pas à pas, dans un nuage de poussière soulevé par le VBRG. Derrière nous, les gendarmes mobiles, équitablement répartis dans le sillage de chaque véhicule, sont venus grossir l'effectif.

Brandissant un porte-voix, l'un d'eux sort du rang :

« Première sommation : obéissance à la loi, dispersez-vous !

– Allez vous faire foutre ! On ne bougera pas de là !

– Dernière sommation : nous allons faire usage de la force ! »

Nous essuyons une rafale de tirs pour toute réponse. S'ensuivent des coups de feu multiples, de part et d'autre de la forêt. En quelques secondes, la situation s'envenime. Un bain de sang paraît inévitable. Il nous faut changer nos plans. Au micro, le capitaine prend l'initiative : « Des tirs ont été effectués depuis l'intérieur de la ferme. Nous risquons d'avoir des blessés. Réquisition complémentaire spéciale avec usage des armes demandée pour le GIGN. »

Il s'agit d'empêcher à tout prix que les gendarmes, déployés aux abords de la ferme, ripostent en ouvrant le feu. Seuls les hommes du GIGN doivent être autorisés à se servir de leurs fusils pour éviter le carnage. Une requête que le général Deiber formule immédiatement auprès du haut commissaire. Ainsi libellée, la réponse de M. Pisani se fait sans tarder : « Appréhendez, dans les meilleurs délais, le 12 janvier 1985, à partir de 6 heures, la bande de Mélanésiens armée et regroupée dans la vallée de La Foa. L'emploi de la force pour l'exécution de la présente réquisition comporte l'usage des armes. L'autorité militaire reste libre d'en régler l'emploi. » Dont acte. Le haut commissaire de la République assume sa responsabilité. Noir sur blanc. Dans la foulée, les forces mobiles reçoivent l'ordre de ne pas répliquer.

Depuis quelques minutes, deux occupants de la ferme, lourdement enfouraillés, se tiennent sur la terrasse. Avant de passer à l'offensive, le capitaine nous intime l'ordre de les neutraliser. Compte tenu de la hauteur de la végétation, impossible de visualiser leurs jambes. Les deux tireurs désignés viseront l'épaule. Tandis que je me cale contre le blindé, Serge, le premier, appuie le canon de son FRF1 sur mon dos rond. À l'orée du bois, le second tireur prend position. Plus une seconde à perdre. Par radio, le capitaine Jean-Pierre délivre les ultimes instructions : la détonation du premier tir donnera le top action du second. Les détonations devront être quasi simultanées. Je bloque ma respiration. Soudain, contre toute attente, tandis que Serge enfonce la détente, sa cible se détourne légèrement. Au lieu d'atteindre le haut du bras comme prévu, la balle pénètre sa poitrine. L'homme s'écroule. De fait, son acolyte opère à son tour un mouvement fatal. Ses cervicales sont touchées. Les deux insurgés gisent sur le sol. Le temps semble suspendu. Puis s'accélère brutalement lorsque nous apprenons leur identité : il s'agit d'Éloi Machoro et de l'un de ses lieutenants. C'est l'effarement. Leur commandement hors d'état de nuire, les indépendantistes évacuent à présent la propriété. Les mains en l'air, leur piètre cortège s'étire tristement depuis la porte d'entrée. Les uns en bleu de travail, les autres en treillis, sous une collection de couvre-chefs improbables. Tous viennent déposer les armes.

Retranchés derrière nos véhicules blindés, nous attendons leur reddition. La radio crépite à nouveau :

« Resserrez le dispositif ! »

Par ces mots, le capitaine nous intime l'ordre de gagner la propriété.

Les gendarmes mobiles procèdent déjà aux arrestations quand mes camarades et moi-même nous approchons des victimes. Le premier, secoué de spasmes, ne tarde pas à rendre son dernier soupir. À l'aide d'une porte, improvisée en brancard, nous tentons d'évacuer le second, Éloi Machoro, vers l'équipe médicale appelée à la rescousse. Il décédera lors de son transport.

L'heure est à la consternation. Deux hommes sont tombés sous nos balles : la mission résonne comme un terrible échec. Gangrené par l'abattement et la culpabilité, c'est un sentiment inédit pour moi. Dans les moments qui suivent, les donneurs de leçon habituels, bien installés dans leurs fauteuils en cuir, crient à l'assassinat. Comment leur faire comprendre que lorsque les gendarmes du GIGN reçoivent l'ordre de neutraliser *définitivement* un individu dangereux, ils visent la tête ? Les impacts relevés sur les deux dépouilles confirment, de façon irréfutable, notre volonté de les arrêter vivants. L'imprévisible a, hélas, bouleversé nos plans. Un élément extérieur que nul entraînement ne permet d'anticiper. Encore moins d'accepter.

Si elle transperce, malgré tout, notre carapace, ce n'est pas l'injustice de la rumeur que nous redoutons le plus. Sur la route du haut commissariat, chacun appréhende les foudres du commandement, avec le sentiment coupable d'avoir trahi sa confiance. Toutes ces heures passées au stand de tir, toutes ces cibles criblées de balles, tous ces rituels répétés des milliers de fois… Rien ne peut justifier ces deux morts. Derrière la vitre de la jeep, le paysage défile devant mon regard perdu que rien n'accroche. Rien, si ce n'est l'image de ces deux corps ensanglantés. Surgis du plus profond de ma mémoire, les mots de mon camarade Gérard me reviennent alors : « Marcel, c'était comme à l'entraînement ; j'ai vu la cible. J'ai reçu l'ordre. J'ai tiré. » Il venait d'abattre un détenu particulièrement menaçant lors d'une mutinerie au centre pénitentiaire de Clairvaux. Comme nous, il avait juste fait son devoir.

Absorbé dans mes pensées, je suis rappelé à la réalité par des rassemblements de Caldoches en liesse, escortant notre convoi. Certains nous tendent des rafraîchissements. Vécue comme une tragédie au sein de notre groupe, la disparition de Machoro représentait un soulagement pour la communauté européenne. À l'annonce de cette nouvelle, le calme était revenu dans les rues de Nouméa.

Nous voilà à présent dans le hall du haut commissariat, prêts à recevoir notre volée de bois vert. Encore en tenue d'intervention, nous pénétrons dans le bureau de M. Edgard Pisani. Luisant sous la crasse et la transpiration, nos tristes faciès contrastent avec sa mine réjouie. « À partir d'aujourd'hui, vous assurerez ma sécurité. » Nous nous attendions à un blâme, nous voilà gratifiés d'une surenchère de confiance et d'estime ! Le haut commissaire explique alors qu'au regard de l'arsenal déposé par les rebelles, notre intervention, malgré son dénouement tragique, venait d'éviter de plonger la vallée dans un bain de sang. Et, par là même, de restaurer quiétude et sécurité dans le chef-lieu de l'île. Pourtant, à titre personnel, j'ai bien du mal à accepter ses conclusions. La culpabilité me mine. De surcroît, les accusations dont nous avons été l'objet m'ont particulièrement blessé. Contrairement aux mensonges colportés, aucun esprit de vengeance n'a guidé nos gestes ce matin-là. Pour une raison fort simple : avant de faire feu, nous ignorions l'identité de l'homme qui se tenait dans notre ligne de mire. Les deux cibles ont été sélectionnées en fonction de leur caractère menaçant. Uniquement à cause de cela !

En assurant H 24 la sécurité de M. Pisani, nous sommes tout naturellement intégrés à la vie de sa famille. M. le haut commissaire ne manque pas de nous convier souvent à sa table. Soucieux de notre confort, il a même fait prendre les dispositions pour nous allouer une chambre à demeure entre ses murs. Peu de temps après l'épisode de La Foa, lors de l'un de ces déjeuners, M. Edgard Pisani nous annonce le débarquement imminent d'un invité spécial : M. François Mitterrand. Ce dernier venait vérifier personnellement que la paix et la sécurité régnaient à nouveau sur l'île. À ses côtés, un dénommé François de Grossouvre dont j'assurais la sécurité depuis deux ans déjà. Lorsque

M. Pisani lui tendit un verre d'orangeade en guise de cocktail de bienvenue, le conseiller spécial se tourna vers moi et répliqua dans un sourire : « Merci, Edgard, offrez-le d'abord à Daniel, il en a plus besoin que moi. »

9

Les hommes du président

Lorsque M. Charles Hernu s'installe dans le fauteuil de ministre de la Défense en 1981, après l'élection de François Mitterrand, il réalise que le dispositif de sécurité présidentielle est largement perfectible. C'est à Christian Prouteau, appelé à d'autres fonctions dans la mouvance « mitterrandienne », qu'il confie la réalisation d'un audit. Quelques hommes du groupe vont ainsi se glisser dans l'aréopage du chef de l'État lors des voyages officiels afin d'observer au plus près les moyens mis en place. Leurs réflexions, consignées dans un rapport rédigé par Prouteau lui-même, sont transmises au président. Dès la dernière page parcourue, ce dernier donne son accord pour la création d'une entité spéciale de gendarmerie dédiée exclusivement à sa protection. Le GIGN est chargé du recrutement. Un appel à candidature est lancé sur tout le territoire. Sous le commandement du lieutenant-colonel Le Caro, quarante gaillards sont sélectionnés et aussitôt envoyés pour huit mois de formation sous le toit de la caserne de Versailles-Satory. Afin de ne pas laisser le projet en jachère, les hommes du GIGN se voient confier la mission de protection du chef de l'État et de ses proches, une semaine par mois. Le temps de former les futurs membres de ce qui deviendra, grâce au décret 83-14 du 5 janvier 1983, le GSPR (groupe de sécurité de la présidence de la République). C'est ainsi qu'entre deux semaines d'alerte, de 1982 à 1983, je serai envoyé à Libourne auprès de M. et Mme Gilbert Mitterrand, fils cadet du président.

À ses prémices, cette nouvelle unité travaille de concert avec les policiers du service de protection des hautes personnalités (SPHP). Afin de ménager parité et susceptibilités, il est décidé que le commandement général sera assumé en alternance, tous les deux ans, par un lieutenant-colonel de la gendarmerie puis par un commissaire de police. À une exception près : c'est aux gendarmes, exclusivement, que le président de la République a souhaité confier la protection de sa vie privée. Nous savons aujourd'hui combien ce domaine lui était particulièrement cher… Dès 1983, je découvre ainsi l'existence d'une brunette de neuf ans, baptisée Mazarine, fille cachée du président. Avec sa maman, Anne Pingeot, elle réside au 11 quai Branly, sur les bords de Seine. Cette extension du palais de l'Élysée héberge certains employés de la présidence ainsi que quelques services administratifs, comme celui du courrier. Lorsque les citoyens adressent leurs missives au président *via* l'Élysée, c'est sur les bureaux du quai Branly qu'atterrissent systématiquement les sacs postaux.

Si François Mitterrand a élu domicile au premier étage, François de Grossouvre, son conseiller, ami et parrain de Mazarine, occupe un appartement au deuxième. Sur ses conseils, le chef de l'État a décidé de rapatrier sa seconde famille entre les murs de ce bâtiment du VIIe arrondissement. Protégée par la discrétion sans faille du personnel résident et des gendarmes du GSPR, la vie privée de M. Mitterrand ne pouvait espérer meilleur refuge. Pendant près de dix ans, aucun de ces serviteurs de l'État n'a succombé aux appels sonnants et trébuchants des amateurs d'histoires à sensation. À ce titre, je veux profiter de cet ouvrage pour rendre hommage à Monique et Francis, gardiens de ce temple ô combien sacré. Toutes ces années, leur loyauté chaleureuse apporta une pierre essentielle dans l'édifice de notre dispositif. À noter que ce dernier s'arrêtait précisément au paillasson présidentiel. Posté derrière une porte cochère dont seuls les concierges, le gendarme affecté à la sécurité du chef de l'État et « FDG » partageaient la clé, le garde républicain ne franchissait jamais le périmètre du hall. Être présents sans être là, telle est la devise des « hommes du président ». Comme de tous ceux dont la mission consiste à assurer la protection des personnes contre les agressions de toutes sortes, y compris celles de la maladie. À ce propos, les membres du GSPR reçoivent une formation de secourisme particulièrement approfondie, notamment en matière de défibrillation cardiaque.

En 1995, les hommes de la police nationale intègrent officiellement le GSPR, qui devient alors une entité composée à la fois de civils et de militaires : vingt-six de part et d'autre, dans un premier temps. Mais, suite à l'attentat perpétré contre le président Chirac le 14 juillet 2002 par le jeune Maxime B., les effectifs passent de cinquante-deux personnes à soixante, dont quatre femmes. Toujours selon la règle de la parité entre policiers et gendarmes.

S'ils partagent la même mission sous le même sigle, les deux forces de sécurité continuent de s'entraîner séparément. Les premières, au sein du SPHP. Les secondes, sous l'aile du GIGN. Ce qui leur permet l'accès aux mêmes infrastructures, notamment le stand de tir. À noter qu'au sein du groupe les entraînements se font à balles réelles. C'est peut-être un détail pour vous mais, pour celui qui doit appuyer sur la gâchette, je peux vous assurer que ça veut dire beaucoup ! Par ailleurs, je reste aujourd'hui persuadé qu'aucune unité d'élite n'a l'occasion de tirer autant de cartouches : vingt mille par an.

Pour mener à bien leur nouvelle activité, les gendarmes

du GSPR appliquent l'un des principes du GIGN : le pragmatisme. Une méthode humble et efficace qui consiste à relever et combler, mission après mission, les lacunes persistant ici ou là. C'est ainsi qu'au jour le jour un recueil de fiches passe en revue les mille et une techniques de la protection rapprochée. Toutes ces recommandations dispensées aux nouveaux venus balayent un large éventail de mesures : du comportement requis en présence de l'autorité – « fermeté, courtoisie, discrétion » – à la constitution d'une garde-robe adaptée à toute circonstance.

Parmi les qualités inhérentes à la pratique de la protection rapprochée, le don d'observation figure parmi les plus essentielles. L'enseignement des jeunes recrues mentionne noir sur blanc :

L'agent de sécurité doit être un grand observateur des habitudes de l'autorité dans le domaine privé, dans le domaine officiel, et dans le milieu fréquenté, famille et amis.

L'expérience m'a appris qu'à force de visiter les mêmes lieux, le moindre petit changement finit par vous sauter aux yeux : de l'embouchure d'un extincteur étrangement dévissée un beau matin à la plantation subreptice d'un arbuste dans la cour d'un bâtiment officiel, le plus infime détail peut trahir la préparation d'un attentat. Il doit être considéré avec la plus grande attention, sans sombrer dans la paranoïa.

Non contents d'être performants au jeu des sept erreurs, les hommes du GSPR se doivent de collecter un maximum de renseignements pour optimiser la réussite de leur charge ; résumés dans des fiches d'instructions, ils concernent aussi bien les adresses et numéros de téléphone personnels des proches que le groupe sanguin ou les allergies alimentaires de la personnalité.

Enfin, sachant que soixante-dix pour cent des assassinats ou enlèvements se déroulent pendant les déplacements entre le domicile et le lieu de travail, les trajets quotidiens requièrent une attention toute particulière. La routine, en la matière, demeure la plus sournoise des erreurs à éviter. Assurant, un temps, la protection de M. Paul Quilès, ministre de la Défense dans le gouvernement de Laurent Fabius, nous débarquions chaque matin très en avance aux abords de sa résidence. L'occasion d'opérer une première vague de contrôles au cœur de l'immeuble. Escaliers, ascenseurs, pas de porte : chaque lieu emprunté subissait un premier passage au crible. Ce qui n'empêchait pas, un quart d'heure avant la prise en compte du ministre, un nouveau dispersement dans les étages pour une ultime vérification. L'un de nous gagnait son appartement par l'escalier, tandis que l'autre s'engouffrait dans l'ascenseur. Un troisième, enfin, patientait dans la voiture.

Afin de contrer les guetteurs aux intentions malveillantes, les itinéraires font régulièrement l'objet de modifications. Et ce, malgré les protestations récurrentes des personnalités. Attachées à leurs habitudes, elles ne consentent pas aisément à se priver de leurs rares repères dans un quotidien particulièrement mouvementé. *A fortiori* si ce changement s'accompagne d'un quart d'heure supplémentaire grignoté sur le temps de trajet du retour ! Enfin, il y a les poètes, les romantiques. Ceux que la vision de la Conciergerie se mirant de nuit dans les eaux de la Seine revigore, l'espace d'un instant, et qui n'entendent pas renoncer à ce spectacle éphémère pour de basses préoccupations sécuritaires. C'est pourtant la rançon de leurs responsabilités, à laquelle ils doivent souscrire, bon gré… mal gré !

Afin d'alléger la pesanteur de notre intrusion, il est d'usage d'assigner les mêmes agents aux mêmes VIP. Selon le principe d'une relève bien ordonnée, évidemment.

Tous les trajets font, au préalable, l'objet d'un repérage approfondi : carrefour dangereux, points de repli en cas d'accident, voies secondaires de dégagement... Quelle que soit la situation, la progression du véhicule ne doit jamais être contrariée. Cette règle est incontournable.

Lors des pauses déjeuner des autorités dans quelque refuge gastronomique de la ville, une visite en amont s'impose. On y sélectionne toutes les issues pouvant être empruntées en cas d'attaque. L'idée consistant à pouvoir quitter les lieux sans passer par l'entrée principale. À cet effet, certains comme moi prennent la précaution de faire stationner un véhicule de secours à l'arrière de l'établissement. À tout hasard.

Dans la charte de la protection rapprochée, nombre de procédures très précises ont été anticipées dans le cadre d'événements prédéfinis : une séance de cinéma, une revue de troupes, une conférence... Soumis au devoir de réserve, je me dois de ne pas en révéler davantage.

Ennemi juré de l'agent de sécurité, l'imprévu se glisse souvent entre les mailles du dispositif. Ici, un rendez-vous annulé, là, un autre ajouté. Tout spécialement sur les pages surchargées de l'agenda présidentiel. Chaque semaine, le patron du GSPR se fait donc remettre l'emploi du temps du chef de l'État. Puis, dès l'aube, les gendarmes de l'équipe de nuit transmettent les dernières mises à jour à leurs collègues venus assurer la relève. Enfin, au fil de la journée, le secrétariat de l'Élysée décroche son téléphone pour communiquer, en temps réel, les dernières « retouches ».

Afin de parer cet ennemi redoutable que constitue l'inattendu, le GSPR a également imaginé une procédure baptisée « le recueil ». Elle consiste en une inspection scrupuleuse préalable à tout déplacement. Couloirs d'un hôpital à inaugurer ou salle de congrès, chaque lieu est passé au peigne fin par une équipe spécialement détachée. Selon ses indications, les agents prenant part au convoi bénéficient d'une connaissance parfaite des environs, et demeurent à même d'anticiper une riposte dans les meilleures conditions.

Lors des déplacements officiels, la répartition des tâches entre agents de sécurité s'organise selon un ordonnancement bien précis. Forts de ces révélations, vous pourrez en observer la discrète chorégraphie lors des bains de foule retransmis à la télévision. Pour les « hommes du président », ces tests de popularité font grimper d'un cran la tension. Leur dispositif s'articule toujours sur trois niveaux : la protection rapprochée – ou « accompagnement » –, la sécurité immédiate et la sécurité éloignée. Trois cercles concentriques aux rayons d'action de plus en plus distants de l'autorité. Dans le premier, trois hommes prennent place à moins d'un mètre d'elle : un gendarme surnommé « L'Épaule » – dont on imagine le positionnement –, et deux autres dans son dos. Tandis que les seconds balayent du regard l'assemblée, le premier ne quitte pas des yeux les mains qui se tendent le long du parcours. L'occasion de débusquer quelques punaises et autres clous, sournoisement dissimulés au creux d'une paume… Ou de surprendre certains audacieux, désireux de tester leur poigne en broyant les phalanges d'un chef de l'État… De telles initiatives rencontrent, à coup sûr, une fin de non-recevoir plutôt musclée. Je puis en attester personnellement.

Juste derrière le triangle d'accompagnement, se tiennent les hommes de la sécurité immédiate : trois ou plus, selon les cas. Leur mission : maintenir le public à distance. Enfin, à l'intérieur d'un périmètre préétabli, la sécurité éloignée prend place sur les points stratégiques ou particulièrement vulnérables du parcours. Tireurs d'élite tapis sur les toits ou simples observateurs radio, ils guettent le moindre mouvement suspect.

Autre configuration, autre méthode : les cortèges présidentiels motorisés. Dans la majeure partie des cas, ils mobilisent deux véhicules pour encadrer celui du chef de l'État.

Au nom du pragmatisme, le dispositif a été complété par la présence de deux motards, en mesure de repousser les assauts des curieux les plus véhéments. Au volant de ces berlines blindées, seuls des as du dérapage contrôlé peuvent prendre place. Ils sont capables d'effectuer un tête-à-queue à la moindre menace. *A fortiori* en cas de forte affluence. Enfin, derrière les vitres teintées, siège une solide escouade en costumes cravates, équipée comme des porte-avions, avec grenades et autres mitraillettes.

Pour chaque type d'agression, leur déploiement est réglé comme du papier à musique. Citons l'exemple le plus courant : l'attentat à l'arme à feu. Selon un rituel mille fois répété, la réplique se coordonne autour de trois équipes : celle qui protège, celle qui réplique et celle qui évacue. À la première détonation, « L'Épaule » se jette sur l'autorité, la ceinture au niveau de la poitrine, puis la renverse en arrière en se plaçant contre elle pour amortir sa chute. Au même instant, deux agents munis de valises en Kevlar surgissent pour faire rempart autour d'elle. En ouvrant ces mallettes très spéciales, ils déploient des boucliers capables de parer n'importe quel tir. Armes automatiques au poing, ils entament la riposte, assistés éventuellement par les deux motards, généreusement armés eux aussi. Pendant ce temps, le véhicule de fin de cortège vient piler au plus près de la scène de l'attentat. En quelques secondes, il embarque la personnalité menacée afin de l'arracher au danger, tout en gardant le pied au plancher.

Au fil des années, l'effectif du GSPR fut parfois renforcé, au cas par cas, par des gendarmes du GIGN. Aussi, le 16 septembre 1990, suis-je réquisitionné pour un départ vers l'île Maurice à l'occasion d'un déplacement officiel de François Mitterrand. C'est mon premier président. Sous l'autorité du commandant Fortemps, patron du GSPR, j'ai eu l'opportunité d'apprécier l'expertise et la force tranquille des « hommes du président ».

Les voyages des chefs d'État à l'étranger se distinguent par leur propre organisation. Dans un premier temps, ceux que l'on nomme les « précurseurs longs » sont envoyés sur zone, une quinzaine de jours en amont. Leur mission : la collecte d'informations en vue d'optimiser la sûreté du déplacement. Généralement en binôme, ils détermineront, entre autres, le nombre de personnels requis sur les points vulnérables de la visite. Deux jours avant le jour J, le tandem est rejoint par les « précurseurs courts ». En l'occurrence, mon affectation lors de cette escapade mauricienne. Armés d'un revolver placé sous l'aisselle et d'une bombe lacrymogène, ils constituent la base du dispositif de protection.

Ces deux équipes vont établir une stratégie, en coopération avec les hommes du protocole. Concernant le voyage de M. Mitterrand à l'île Maurice, ces derniers multiplièrent leurs visites auprès du chef de cabinet du gouverneur afin de n'oublier aucun détail.

Tous les renseignements collectés seront retransmis, en dernier ressort, aux hommes de la sécurité personnelle du président : trois personnes, toujours les mêmes, qui forment ce que l'on désigne dans notre jargon l'« accompagnement ».

La perspective de savourer les merveilles, pour moi inédites, de l'océan Indien me ravit le cœur à l'avance. De plus, les parties de football que je dispute régulièrement avec le patron du GSPR augurent d'une mission placée sous le signe de la confiance et de la bonne humeur.

Dans un souci d'efficacité, les renforts dits « courts » ne couvrent pas l'intégralité des déplacements. Lorsque le chef de l'État poursuivra son périple dans le Pacifique, d'autres précurseurs prendront le relais au fil de ses escales aux Comores et aux Seychelles.

Sur les pistes de l'aéroport de Port-Louis, la sensation de chaleur, renvoyée par le tarmac, me plonge dans un doux sentiment de bien-être. Une première prise de contact idéale, confortée par le décor paradisiaque du *Royal Palm*, palace attitré des chefs d'État. Avant de rejoindre le commandement, je monte découvrir ma chambre. Posé sur le rebord du balcon, un oiselet au plumage rouge vif me gratifie d'un gazouillis de bienvenue. Au loin, l'écume des vagues tranche avec les eaux turquoise de l'océan ; je saurai me souvenir de ce comité d'accueil.

Place au débriefing, en compagnie des précurseurs longs. Peu avant notre arrivée, ils ont pris soin de référencer et de « badger » tout le personnel de l'hôtel ainsi que les quelques clients tolérés malgré la présence du chef de l'État. En la circonstance, le principe est sans appel : pas de badge, pas d'accès ! Après un rapide topo, les deux hommes nous remettent un petit fascicule dans lequel sont consignés le programme des visites de M. Mitterrand ainsi que des numéros de téléphone utiles, etc.

Puis, avec la plus grande concentration, nous entamons la première étape de notre mission : la fouille méticuleuse de l'hôtel. Effectuée près de douze heures en amont, elle permet de passer au crible le moindre centimètre carré du bâtiment. Des placards à balais aux porte-savons, en passant par les faux plafonds démontés systématiquement, rien n'échappe à nos yeux de lynx. Dans un second temps, nous inspectons la suite de M. François Mitterrand. En ces lieux, qui seront foulés d'ici peu par les pantoufles présidentielles, notre vigilance monte d'un cran. Minibar, trappe de la baignoire, bibelots, appareils électriques, canapés, pots de fleurs, j'en passe et des meilleures : tout est fouillé, déplacé, démantelé.

Jusqu'aux conduits d'aération susceptibles de dissimuler un individu, et donc sondés – voire visités ! – par l'un de nos hommes. Tous les accès à la chambre sont également répertoriés et verrouillés. Ainsi que ceux des chambres mitoyennes.

Dans le collimateur de nos investigations : les explosifs. C'est la menace potentielle la plus courante. Dans le cas d'une pêche fructueuse, la procédure impose la mise en place immédiate d'un périmètre de sécurité, et l'alerte des services spécialisés dans le déminage. Toute autre initiative est exclue.

Vient ensuite l'heure de l'entrée en scène du personnel du protocole. Précédés d'un convoi impressionnant de sacs de voyage, ils ont pour devoir d'aménager les lieux en fonction des petites habitudes du président. Notre fouille est terminée. Tandis que mes compagnons s'en retournent à d'autres activités, je suis mandaté pour rester sur place et empêcher toute intrusion. Sous mes yeux, un ballet rapide et précis s'active en silence. Installant ici et là les objets familiers du chef de l'État. Dans la salle de bains, la gamme complète des produits Roger & Gallet est disposée autour de la baignoire ; sur le lit, une chemise de nuit en pilou savamment repliée l'attend pour quelques heures de sommeil bien mérité. Enfin, ses placards sont garnis d'une garde-robe étudiée pour répondre aux multiples obligations lors du déplacement.

La porte vient de se refermer. Deux agents ont pris place dans le couloir. En attendant la relève, j'entame la lecture d'un magazine, dans ce décor inédit à la solennité paisible.

De l'autre côté de mon bunker doré, je finis par percevoir une effervescence subreptice dans les couloirs. IL est arrivé. Je quitte mon poste pour LUI laisser la place. Escorté par le commandant Fortemps et deux gradés du GSPR, le président gagne sa suite pour se rafraîchir. Aléas des lointains voyages obligent, les valises du commandement se sont égarées sur des chemins de traverse avant de parvenir à l'hôtel.

Aussi, le commandant Fortemps et ses hommes en profitent-ils pour s'adonner à quelques ablutions régénératrices dans nos cabinets de toilette. Lors des déplacements officiels, les gendarmes du GSPR n'ont guère le temps de jouir du panorama. Sur le pont douze heures d'affilée, ils procèdent à un renouvellement des effectifs un jour sur deux. Une respiration qu'ils transforment généralement en footings salutaires à l'évacuation du stress.

Première sortie présidentielle, premier bain de foule. Dans le sillage des hommes de l'accompagnement, je me tiens à moins de deux mètres de M. François Mitterrand. La ferveur populaire est palpable. Le président semble détendu. Pour moi, il incarne la Nation. Celle à qui j'ai voué ma vie depuis mes premiers pas sous les drapeaux. Je suis un peu ému. On ne se refait pas…

Sans prévenir, M. Mitterrand décide de se rapprocher des mains qui se tendent frénétiquement vers lui. À moi de jouer ! Qui n'a jamais tenté de contenir un mouvement de foule en liesse ne peut imaginer l'intensité des pressions auxquelles nous devons faire obstacle. Un coup de barre à droite, un coup de barre à gauche : les bousculades se succèdent sans trêve. Envers et contre tous, nous nous positionnons en ultimes remparts. Au centre d'une bulle invisible improvisée par nos soins, le chef de l'État reste intouchable. Le genre de circonstances où l'on se félicite d'avoir été persévérant lors des séances de musculation…

Entre les mains expertes des hommes du GSPR depuis 1983, l'arsenal de la sécurité présidentielle a su démontrer sa remarquable efficacité au fil des années. Or, le 16 mai 2007, date de son investiture à la présidence de la République, M. Nicolas Sarkozy décide de faire voler en éclats la fameuse mixité police-gendarmerie. En quelques heures, tous les gendarmes de l'unité spéciale reçoivent l'ordre de plier bagage. Ils sont remplacés illico presto par des policiers recrutés au sein du SPHP. À peine installé au « château », le président frappe les trois coups d'une nouvelle ère résolument policière. Foulant au pied une parité jusqu'alors entretenue à grands renforts de précautions entre civils et militaires. Sur sa lancée, l'ancien ministre de l'Intérieur ordonne également aux hommes de l'équipe chiraquienne de quitter le groupe. À leur poste, il nomme des membres de la police nationale, ralliés historiquement au panache « sarkoziste ». À cette occasion, l'effectif augmente de soixante à cent personnes. Renvoyés dans leurs foyers, les ex-gendarmes du GSPR regagnent le GIGN, où leur expertise est mise à profit pour développer les nouvelles activités du groupe. Le GSPR restera cependant dans tous les esprits une unité de la gendarmerie nationale.

Lors de l'un de ses premiers voyages sur le continent africain, Carla Bruni-Sarkozy eut tout loisir d'expérimenter le nouveau dispositif. Selon la procédure des précurseurs toujours en vigueur, quatre policiers l'ont précédée pour deux jours de reconnaissance. Rejoints par les deux gardes du corps de sa sécurité rapprochée. Or, c'est aux gendarmes assignés à la protection de l'ambassade de France que l'on demande finalement de veiller sur le sommeil de la première dame. Sur les six policiers réquisitionnés, un seul demeura auprès d'elle. Quant à ses cinq collègues, ils s'en sont allés compter les moutons, dans les plumes d'un oreiller douillet dans un hôtel situé à quelque deux kilomètres de leur autorité. Du temps de leur activité, les gendarmes du GSPR eussent vraisemblablement procédé différemment, se relayant toute la nuit pour monter la garde. Manifestement, les temps ont bien changé…

Cette expérience mauricienne auprès des hommes du GSPR n'a fait qu'accroître mon admiration pour leur professionnalisme et leur dévouement. Toutefois, j'apprends grâce à elle que mon tempérament méridional s'épanouit davantage lors de missions plus humaines, moins encombrées par le poids des institutions. À l'instar de celle que j'assume, depuis 1983, auprès de François de Grossouvre, conseiller spécial à la présidence.

10

« FDG »

« Bonjour, Daniel, comment allez-vous ?

– La vie est belle, monsieur ! »

Fidèle au poste, j'accueille comme chaque lundi, avec l'un des chauffeurs, André Bousiot, dévoué serviteur de la cause socialiste, M. François de Grossouvre à sa descente du train.

Favorable à la création du GSPR, le conseiller et ami du chef de l'État avait pris position pour repenser le dispositif de la sécurité présidentielle. Proche de Christian Prouteau, il avait lui-même souhaité se séparer des policiers du service des voyages officiels pour les remplacer par des gendarmes du GIGN. Ces derniers seraient alors les seuls à assurer la sécurité du ministre de la Défense, Charles Hernu, et du conseiller spécial du président, François de Grossouvre.

Une protection H 24 ne peut raisonnablement reposer sur un seul homme. Il fut décidé de relever le personnel toutes les semaines. L'organisation interne du groupe d'intervention s'articulant justement autour de quatre groupes, la logique imposa de désigner un homme par équipe. Ce qui permettait d'alterner sur trente jours période d'alerte, protection rapprochée, entraînement et repos.

Personnellement, je n'étais pas fâché de quitter de temps à autre l'ambiance virile de la caserne pour le raffinement des palais de la République. Mon expérience auprès de MM. Gilbert Mitterrand et Paul Quilès me laissait plutôt de bons souvenirs et l'envie de renouer avec la fameuse oreillette de *bodyguard*.

Ainsi, un beau matin de 1983, Paul Barril, mon patron, me convoqua dans son bureau. Jean-Claude, l'un de mes partenaires, lui avait opportunément soufflé mon nom pour ajouter une nouvelle corde à mon arc : la sécurité de François de Grossouvre. Si je n'ignorais rien de sa proximité avec le président Mitterrand, le personnage restait pour moi une énigme. Je partais donc à la rencontre d'un inconnu. Certes, son titre de « conseiller spécial » augurait d'une prestance certaine, mais à part ça... Les quelques informations recueillies auprès de son premier garde du corps – Jean-Claude, en l'occurrence – me furent précieuses pour parfaire l'ébauche d'un profil psychologique.

Mardi 19 avril 1983. Je me lance dans cette nouvelle aventure comme on s'apprête à passer un grand oral. En fin de matinée, me voilà donc foulant les graviers de l'Élysée pour être présenté à celui que, entre nous, nous avions baptisé « FDG ». Rasé de près et brillant comme un sou neuf, fidèle à la devise maternelle – « Mon fils, tu peux être pauvre, mais propre ! ». Les pieds en dedans, évidemment, le cœur battant, comme toujours, je remonte le couloir à l'épaisse moquette qui mène à son bureau. Je sais que la réussite de notre entrevue se décidera, comme c'est l'usage, dans les vingt premières secondes. « Gendarme Cerdan. Mes respects, Monsieur. »

Au garde-à-vous, je m'efforce de bomber le torse pour mieux dissimuler ma fébrilité. De l'autre côté d'un large bureau de style classique, c'est Richelieu en personne qui me dévisage. Son regard incisif semble vouloir me percer à jour. Pourtant, au-delà d'une rigidité apparente, je sens poindre un soupçon de bienveillance dans ce regard bleu acier. Après un interrogatoire sommaire de circonstance, mon hôte interrompt les présentations :

« Vous commencez quand ?

– Lundi prochain, monsieur. »

J'ai réussi mon examen. Il se renouvellera une fois par mois, pendant douze ans.

Sitôt hors des murs du palais, j'ai pour premier réflexe de renouveler ma garde-robe. Après-midi lèche-vitrines obligatoire ! Aux prémices de notre pas de deux, je souhaite que mon autorité soit fière de moi. Un peu comme l'on guette le sourire approbateur du référent paternel. Après les inspections vestimentaires de ma chère maman, François de Grossouvre m'enseignera, sans le savoir, l'art de l'élégance. La vraie, celle qui ne se voit pas. Sa confiance, au cours de ces douze années – je suis le seul gendarme à avoir assuré si longtemps sa protection –, a comblé mes attentes au-delà de toute espérance. Plus les semaines passaient et plus je me sentais à ses côtés comme dans ces vieilles familles françaises où l'on voussoie ses aînés, sans s'interdire pour autant de les aimer.

Descendant de la noblesse du Bourbonnais, domiciliée à Grossouvre précisément, FDG noue, dès son plus jeune âge, des relations intimes avec le Liban. Son père, Maurice Durand de Grossouvre, y dirigea longtemps une succursale de la Société Générale. Élève chez les jésuites, jeune homme discret et brillant, François se destine d'abord à la médecine. Ce penchant pour la discipline d'Hippocrate le conduit à Lyon, où il entame ses études. Mais le spectre d'un second conflit mondial plane déjà au-dessus de l'Europe. L'entrée en guerre de la France lui permet toutefois, en 1940, d'éprouver sa vocation comme médecin auxiliaire. Immanquablement, son courage et son patriotisme l'entraînent sur les sentiers clairs-obscurs de la Résistance. Il y croisera la route de Pierre Mendès France.

Celui-là même qui, un beau jour, lui présenta un dénommé François Mitterrand. De la première poignée de main entre ces deux jeunes hommes naît une entente complice. Comme une évidence. Fidèle et loyal, François de Grossouvre endosse naturellement l'uniforme du lieutenant de l'ombre. Celui de toutes les campagnes. De tous les combats. Qualifié de « ministre de la Vie privée », il restera le gardien du temple de l'intimité de son ami et confident. Ainsi que le serviteur incorruptible d'une cause qu'il vénère plus que tout : la raison d'État.

Me voici donc, comme convenu, sur un quai de la Gare de Lyon, pour un rituel mensuel et immuable. Pour être sûr d'honorer à l'heure dite ce premier rendez-vous, je quitte Satory aux aurores. À l'Alma, je retrouve Patrice Jaran, chauffeur de M. de Grossouvre. Ensemble, nous prenons la direction de la gare. « FDG » passe généralement ses week-ends à Lusigny dans l'Allier ; il y possède une propriété familiale. Posté en bout de quai, je guette au-dessus de la foule la pointe de son feutre vert bouteille. Sitôt mon autorité repérée, je remonte à contre-courant le flot des voyageurs. Puis, à sa hauteur, j'arbore mon sourire le plus engageant pour lui souhaiter le bonjour. Il me tend alors son sac que j'agrippe toujours de la main gauche, avant de me placer à un mètre derrière son épaule. Ainsi disponible, ma main droite se tient prête à parer à toute éventualité. Tout comme mon 38 Spécial, bien au chaud dans son étui…

Au fil des années, j'ai appris à anticiper son désir, à garder le silence. M. de Grossouvre ne se distinguant pas spécialement par sa volubilité, il fallait me montrer perspicace. Malgré mon tempérament enjoué, je m'efforçais de coller à ses humeurs, sans le moindre problème d'ego. Certains collègues supportent plus ou moins bien cette « cyclothymie » engendrée par le poids des responsabilités de ceux qui nous gouvernent. Personnellement, j'en ai toujours fait peu de cas.

Quittant la gare du XIIe arrondissement, Patrice nous conduit devant l'immeuble du 11 quai Branly. Le seuil des appartements privés de « FDG » marque celui de ma mission. Seul un cas de force majeure m'autorise à le franchir. Un salut aux concierges, Francis et Monique, une poignée de main par-ci, un clin d'œil par-là ; dans le hall, je guette le retour de mon VIP. Le cliquetis de l'interrupteur de la cage d'escalier me donne discrètement le signal. Comme une volée de moineaux, chacun se disperse pour regagner son poste : Patrice, au volant de sa Renault 25, et votre serviteur, la main sur la portière de la banquette arrière.

Précieux, le temps de François de Grossouvre est rationalisé à la minute près. Aussi, ne me privé-je pas en cas d'embouteillage de passer la tête par la fenêtre de la voiture et de me livrer à l'une de mes imitations favorites : le son du sifflet du gendarme. Non content d'accélérer le mouvement, je constate que cette facétie éclaire le visage de M. de Grossouvre. Elle permet également d'éviter l'usage du tonitruant « gyro deux tons », si peu compatible avec son goût légendaire pour la discrétion. De mon point de vue, le devoir d'un garde du corps ne se limite pas à un strict rempart contre les agressions. Autant que faire se peut, il se doit d'alléger, par d'infimes attentions, le quotidien des personnalités. Que ce soit en les libérant d'une mallette encombrante ou en les gratifiant d'une bonne humeur indéfectible. Quelle que soit la circonstance !

À l'approche du palais, que nous gagnons par l'avenue de Marigny, le poste de garde, averti par téléphone, déclenche l'ouverture des portes. Ne jamais s'immobiliser, même sur la ligne d'arrivée : c'est la règle d'or. Une fois la voûte passée, notre automobile stationne un court instant sous le porche, avant de prendre place dans le parking de la cour ouest. L'occasion, pour moi, d'organiser une chorégraphie en trois actes.

Acte I : Je laisse « FDG » sortir du véhicule.

Acte II : Il se dirige vers le petit escalier qui le mène directement à son bureau. Avant même qu'il n'ait atteint la poignée, je le dépasse en moins d'une seconde et lui ouvre la porte. Je vérifie du même coup l'absence de menace éventuelle.

Acte III : Une fois à l'étage, je demeure dans son sillage jusqu'à son cabinet. Là, dans le vestibule, il me tend son manteau, avant de disparaître vers son secrétariat. Fin du premier tableau.

Savamment orchestré par mes soins, ce « ballet » ne laisse aucune place à l'improvisation. Il repose sur la double nécessité d'assurer sa sécurité, tout en respectant l'homme et sa fonction, avec la courtoisie et la distance que l'un et l'autre vous imposent.

Tandis que M. de Grossouvre entame sa journée derrière une double porte matelassée de cuir, j'ai pris l'habitude de commencer la mienne par une revue de presse. Ainsi qu'il me l'a recommandé. Dans le bureau de Pierre d'Alençon, son principal collaborateur – frère de Véronique, épouse d'Yves Mourousi, décédée prématurément –, je me consacre à la lecture attentive de la presse du jour. Lecture qui, au-delà de la pure actualité, me désigne les adversaires potentiels de mon « client », notamment au sein du gouvernement. Mais surtout révèle à mes yeux candides la violence des attaques qu'il lui faut encaisser sans sourciller. Les bleus à l'âme cicatrisent souvent bien plus difficilement que la plus violacée des ecchymoses. On imagine mal le stress que nos gouvernants subissent au quotidien. C'est la raison pour laquelle, lors des sommets internationaux notamment, je m'arrange toujours pour accrocher son regard sitôt une réunion terminée. Une attention toute simple pour le détendre en tentant de le rassurer par ma modeste présence.

Après ce tour d'horizon des gazettes, je rejoins, au rez-de-chaussée, l'antre des chauffeurs du palais. Entre deux parties de cartes, ces messieurs rivalisent d'anecdotes croustillantes sur leurs célébrissimes employeurs. À faire pâlir d'envie les éditorialistes en quête de scoops. Seul le retentissement d'une ligne directe, raccordée à l'étage, vient interrompre ces concours de révélations. Affectés à une personnalité particulière ou membres du pool auto – disponibles pour n'importe quelle course, à tout moment de la journée –, les chauffeurs de l'Élysée se révélèrent, au fil des années, une compagnie chaleureuse et goguenarde, que je me réjouis de retrouver chaque fois.

Lorsqu'un rendez-vous au restaurant est inscrit dans l'agenda de M. François de Grossouvre, Patrice et moi nous arrangeons pour déjeuner à 11 heures précises. Ainsi nous rendons-nous disponibles aux alentours de 13 heures, pour le conduire n'importe où. Après un contrôle préliminaire des lieux, cela s'entend. Nous savons par expérience que ses repas s'éternisent rarement. Jamais plus d'une heure, généralement. Alors, confortablement calés dans le cuir de sa Renault 25, nous attendons.

Il m'arrive, de temps à autre, de franchir la frontière de sa vie personnelle et de l'accompagner, à sa demande, dans le cercle familial. Des déjeuners à Lusigny aux visites à ses petits-enfants, il semble m'avoir intégré dans sa bulle. En d'autres termes : accepté. Une confiance dont je lui suis sincèrement redevable. À une exception près, peut-être.

Un soir d'hiver, je l'escorte chez sa fille où il se rend pour embrasser ses petits-enfants. Le devoir me commande de me poster dans l'escalier jusqu'à son retour. Au téléphone, j'avertis Patrice de ma volonté de rester l'attendre dans le couloir.

« Tu es sûr ?

– Oui, oui. Je préfère. Et puis, il ne doit pas en avoir pour bien longtemps. »

Jusqu'à minuit, à chaque illumination du corridor, j'improvise un numéro de visiteur égaré pour ne pas éveiller les soupçons des résidents regagnant leurs pénates. Jusqu'à minuit seulement. Car, après les douze coups, j'avoue ne plus avoir la force de me relever. L'épaule meurtrie contre le mur de l'escalier, je désespère de voir reparaître un jour « FDG ». Lorsqu'à 2 heures du matin la porte s'entrebâille, un filet de lumière annonce enfin ma libération. C'est alors qu'une voix d'enfant s'échappe du couloir endormi :

« Dis, Papy, tu veux qu'on te raccompagne jusqu'à ta voiture ?

– C'est inutile, les enfants, Daniel est là. »

Si notre happening matinal, sous le porche de l'Élysée, ne souffre aucune improvisation, celui du soir, en revanche, s'avère plus aléatoire. Aux alentours de 18 h 30, j'ai pris l'habitude de me rendre dans le vestibule. Par expérience, je sais que le conseiller spécial du président aime plier bagage en début de soirée. Depuis mon alcôve – une petite pièce sobrement agrémentée d'un bureau et d'un téléphone – je guette le fauteuil qui sert de portemanteau à son légendaire imperméable. Dès que « FDG » s'en approche, je me glisse discrètement dans ses pas et nous sortons ensemble de son cabinet. Je me suis souvent demandé s'il repérait ma présence à cet instant. Encore absorbé par ses dossiers, François de Grossouvre emprunte mécaniquement le couloir clair et feutré qui s'offre à lui. Jusqu'à cette fameuse intersection qui, chaque soir, prenait la forme d'une énigme à résoudre en moins d'une seconde. En effet, soit le conseiller du président poursuivait sa progression jusqu'à l'escalier qui conduit à la cour où stationnait sa voiture ; soit il bifurquait sur sa gauche pour rejoindre François Mitterrand et partager avec lui le chemin du retour jusqu'à l'Alma. Dans le premier cas de figure, toute la difficulté consistait à anticiper son projet, pour le précéder d'un quart de seconde et lui ouvrir la porte. La majeure partie du temps, « FDG » m'épargnait ce sprint final, en choisissant de regagner son domicile avec son ami de plus de quarante ans. N'en déplaise aux échotiers de mauvais augure qui aimaient à répandre la rumeur de leur rupture. Moi qui l'ai escorté jusqu'à ses dernières heures, j'atteste que, la veille encore de sa disparition, François de Grossouvre n'a pas dérogé à la tradition d'un retour en compagnie du président.

On le sait, le conseiller du chef de l'État excelle dans l'entretien des réseaux, sur le plan national et international. Son statut de président du comité des chasses présidentielles l'autorise à convoquer régulièrement nombre de personnalités, pour des tirs sélectifs de gibiers dans les décors majestueux de Chambord ou de Rambouillet. Du prince Rainier au président de la fédération française de rugby, Albert Ferrasse, un cortège aussi prestigieux qu'hétéroclite se presse à son invitation. Ces rassemblements mondains n'ont d'autres objectifs que l'entretien ou la création de réseaux utiles à la présidence. Cependant, ils ajoutent à ma mission une charge supplémentaire : le ravitaillement de ces illustres convives en sandwichs. Je tente de m'en acquitter au mieux, sous l'aile du chef des cuisines de l'Élysée, Joël Normand.

Si les chasses présidentielles représentent un vivier de contacts exceptionnel dans le carnet d'adresses du conseiller spécial de François Mitterrand, ses compétences ne se bornent pas aux frontières de l'Hexagone. Du Liban à la Syrie – « FDG » entretient des liens privilégiés avec le frère du président Hafez el-Assad –, il se pose en atout majeur sur l'échiquier de la politique étrangère du chef de l'État.

« Au fait, Daniel, nous partons pour Beyrouth. Rendez-vous demain matin, dès 6 heures, à Villacoublay. Pourriez-vous, s'il vous plaît, récupérer mon revolver à l'Alma avant de partir ? »

À peine le temps de raccrocher le combiné et me voilà, dès potron-minet, sur le tarmac de l'aérodrome. Nous sommes le 17 mai 1985. Lorsque l'appareil du groupe de liaison aérienne ministérielle prend son envol, nous savons qu'il nous conduit vers un territoire déchiré par la guerre civile. Aussi, avec Jean-Marie – un compagnon du GIGN appelé en renfort –, nous ne nous attendons pas précisément à un voyage d'agrément. Au cas où, nos 357 Magnum se tiennent prêts à donner de la voix…

François de Grossouvre doit s'entretenir avec son ami le président libanais Amine Gemayel. S'il n'est pas homme à s'incliner devant le risque d'un tel déplacement, il n'a pas non plus hésité à réquisitionner, pour l'occasion, son revolver 38 Spécial.

Malgré tout, l'ambiance pendant le vol se révèle plutôt détendue. Après un ravitaillement en kérosène sur le sol grec, nous reprenons de l'altitude vers les cieux chypriotes, pour une nouvelle escale à Larnaca. Incapables d'assurer la sécurité du trafic aérien, les autorités libanaises ont fermé l'aéroport de Beyrouth. C'est donc à bord d'un hélicoptère de l'aéronavale que nous embarquons pour un vol en rase-mottes au-dessus des flots blanchis par l'écume. Cap sur le palais du président Gemayel. Plus nous approchons de l'objectif et plus le bruit des bombardements remonte à nos oreilles. Sous les tirs croisés des belligérants, nous poursuivons notre progression à quelques dizaines de mètres du sol. Dans l'habitacle, la concentration a fait place aux conversations bon enfant. Audessous de nous, la ville aux façades criblées de balles livre un spectacle désolant. De part et d'autre, des édifices chancelants et désertés. Enfin, nous survolons le palais. À peine l'appareil s'est-il immobilisé dans l'une de ses cours, que nous nous précipitons entre ses murs. En guise de comité d'accueil, Jean-Marie et moi-même subissons une fouille en règle de la part des soldats chargés de la sécurité présidentielle. Seul François de Grossouvre échappe à leurs viriles palpations. C'est avec un sourire discret, un poil moqueur, que nous l'observons s'éloigner vers l'une des ailes du bâtiment, son 38 Spécial discrètement glissé sous son bras, comme si de rien n'était…

Poliment – mais fermement – invités à rejoindre une somptueuse salle du palais, mon camarade et moi-même devrons y patienter deux bonnes heures.

Son entretien terminé, « FDG » nous rejoint sans mot dire avant de regagner l'hélicoptère déjà prêt à décoller. Le vacarme des turbines couvre, un court instant, celui des roquettes qui embrasent la cité. Le trajet du retour s'annonce tout aussi mouvementé.

Pourtant, aucun d'entre nous ne laisse prise à l'angoisse.

Moi qui rêvais, enfant, d'odyssées lointaines et périlleuses, je ne pouvais espérer épisode plus intense. Heures plus exaltantes. Chaque seconde de ce vol restera gravée dans ma mémoire. Jamais je n'oublierai la vision surréaliste de ce bâtiment de la marine française glissant sur la houle, tandis que nous nous posons avec grâce sur le pont arrière. Ces hommes, surgis de nulle part, s'agitant sous le vent pour nous approvisionner en carburant toutes turbines hurlantes. Et l'uniforme immaculé du Pacha, délaissant un court instant son poste de commandement pour nous faire l'honneur d'un salut impeccable.

Ayant rejoint Larnaca, nous embarquons dans un Falcon pour un ultime envol vers Villacoublay. À minuit, je pose à nouveau le pied sur le sol français, avec le sentiment d'avoir vécu l'une des journées les plus folles de mon existence. Combien d'heures de faction sacrifierais-je pour revivre ne serait-ce que quelques-unes de ces dix-huit-là… L'occasion m'en sera donnée à nouveau lors de déplacements réputés dangereux et pour lesquels M. de Grossouvre avait pris l'habitude de me solliciter. Le devoir de réserve m'interdit malheureusement d'en dire plus.

Le 7 avril 1994, après un petit café bien serré, dégusté comme chaque matin face à la tour Eiffel, je m'apprête à retrouver Patrice à l'Alma. Une nouvelle journée auprès de François de Grossouvre s'annonce. Semblable à toutes les autres. Seule une grève des transports en commun exacerbe, depuis le petit matin, un trafic automobile déjà au bord de l'asphyxie. Pour respecter l'agenda, il va falloir jouer des coudes… et du sifflet ! Malgré tout, nous prenons en compte notre autorité quai Branly pour la conduire à son bureau sans accumuler de retard.

Revue de presse, escale conviviale au pool auto, la matinée suit sereinement son cours. Vers midi, François de Grossouvre déjeune au restaurant avec son fils Patrick. Il repasse par l'Alma. Puis, peu avant 16 heures, nous regagnons l'Élysée. Face aux contraintes imposées par la grève, ses deux secrétaires ont été prématurément libérées de leur fonction. Dès 18 h 30, elles ne décrochent plus leur téléphone. Dans les couloirs désertés, l'ambiance solennelle des lieux pèse encore davantage sur les rescapés de cet exode inaccoutumé.

« FDG », lui, n'a pas quitté son cabinet depuis son retour. Je remonte de temps en temps pour voir si son manteau est toujours là. Vers 19 h 25, je me poste comme d'habitude dans le vestibule jouxtant son bureau. Sur le fauteuil face à moi, trône le pardessus donnant, comme chaque soir, le signal du départ. Seul dans la pénombre, je guette le premier mouvement qui sonnera l'heure du retour. Le compte à rebours a commencé.

« Daniel, où est “FDG” ? »

Affolé, Patrice surgit devant moi.

« Dans son bureau. Où veux-tu qu'il soit ? »

Sans même attendre ma réponse, mon camarade, dans un geste de panique inhabituel, se précipite vers le secrétariat. Je lui emboîte le pas sans comprendre. La salle est plongée dans l'obscurité. Quant à la porte, soigneusement refermée, qui donne accès directement au bureau de M. de Grossouvre, elle ne laisse rien paraître d'anormal. Nous frappons. Pas de réponse. Dans un même réflexe, Patrice et moi collons notre oreille au-dessus de la poignée. Ce calme devient brusquement inquiétant : je me décide à entrer.

Immobile dans son fauteuil, le visage incliné vers l'arrière, « FDG » nous apparaît de profil. Légèrement croisées, ses jambes allongées reposent au-dessus du tapis. Sa main droite est posée sur sa poitrine, les doigts repliés sur la crosse de son 357 Magnum. Depuis le sommet de son crâne, un filet de sang perle jusqu'à sa joue. Le conseiller spécial du président François Mitterrand vient de se suicider.

Patrice file avertir les autorités du « château ». Seul face au corps sans vie de mon autorité, l'émotion qui m'étreint est intense. Ce sont nos ultimes instants d'intimité. Je veille sur lui pour la toute dernière fois, en attendant l'arrivée du médecin. Autour de moi, meubles et bibelots semblent figés pour l'éternité. Cet ordre impeccable diffuse un singulier parfum de sérénité. À un profond sentiment de respect, se mêle une tristesse indicible que je ne peux contenir.

Ces temps derniers, ce résistant d'hier, ce guerrier de toujours, m'avait semblé moins insubmersible qu'à l'accoutumée. Une imperceptible lassitude paraissait l'avoir gagné. En cette fin de règne mitterrandien, le goût de l'aventure exceptionnelle que fut sa vie se faisait de plus en plus amer. Lié cœur et âme au destin du président, il savait que le crépuscule de l'un assombrirait inexorablement les horizons de l'autre. Les lendemains s'avéraient désenchantés, engourdis, qui plus est, par les stigmates de l'âge. Victime d'acouphènes depuis un accident de chasse, M. de Grossouvre endurait dignement ces troubles de plus en plus handicapants. À soixante-seize ans, comment lui reprocher de s'être extrait de ce « naufrage », selon l'expression du général de Gaulle pour dépeindre les tourments du temps qui passe ? « FDG » n'était pas homme à laisser quiconque décider à sa place. Il a souhaité se donner la mort au sein même du palais de l'Élysée. Dans le cœur même de celle à qui il a dédié sa vie : la République française. Là était sa place. Cette symbolique, à mes yeux, ne peut qu'imposer silence et admiration. D'aucuns n'ont pas manqué de souligner que ce choix – une première dans l'histoire de la Ve République – n'avait d'autre objectif que de marquer d'un trait rouge sang les zones d'ombre de la « Mitterrandie ». Et si, par cette volonté, François de Grossouvre avait tout simplement voulu, à l'instar de son ami président, laisser sa trace dans l'Histoire ? J'aime à croire que cette ultime et funeste pied de nez aura dessiné sous ses fines moustaches ce sourire entendu dont il avait le secret.

Prisonnier des embouteillages à Versailles, le docteur Kalfon, médecin de François Mitterrand, a délégué son aspirant. Il ne peut que constater le décès. Entre-temps, j'ai personnellement averti les hommes du GSPR. Aussitôt sur les lieux, ils bloquent les trois accès au cabinet et interdisent l'entrée du bureau. Enfin, le commissaire du VIIIe arrondissement se présente. Avec ses hommes, il procède aux premières constatations. Au-dessus de la dépouille de François de Grossouvre, l'impact de la balle a creusé le plafond juste à la verticale. Sur le tapis, on distingue un bridge dentaire non loin d'un fragment de la boîte crânienne. Aucun signe d'effraction. Aucun meuble, aucun objet n'ont été déplacés. N'en déplaise aux hurluberlus qui ont cru bon de noircir quelques pages fantaisistes sur la disparition éventuelle de son coffre-fort : les clichés témoignent très clairement de sa présence. Quant au cuir de son bureau, il est dépourvu de tout document. Seul trône un stylo-plume.

Si le médecin aspirant ne constate aucune trace de violence, aucun hématome – excepté celui provoqué par le tir sur le corps –, son rapport mentionne une luxation de l'épaule gauche. De quoi nourrir davantage les délires des esprits les plus fantasques… M. de Grossouvre était droitier… Or, pour qui a déjà manié un revolver 357 Magnum, la blessure tombe sous le sens. Imprimant un recul particulièrement brutal, le coup de feu a tout simplement projeté le corps contre la console téléphonique installée juste derrière lui, sur la gauche, provoquant sous le choc un traumatisme. Pendant plus de deux heures, les policiers scrutent et photographient la moindre parcelle du bureau. Patrice et moi serons interrogés ultérieurement pendant plus de trois heures. Rien de plus normal.

Comme François Mitterrand, « FDG » entretenait de longue date une relation extraconjugale. Cette jolie jeune femme prénommée Nicole résidait avec lui à l'Alma. Mes douze années dans le sillage du conseiller spécial m'avaient permis de nouer avec elle des liens de respect et d'affection mutuels. Il me sembla évident de ne pas l'abandonner en cette terrible soirée.

Aussi, lorsque le commandant Fortemps m'annonce

son départ pour le quai Branly, je lui emboîte le pas immédiatement en compagnie de Patrice. Il s'agit d'effectuer le transfert de Nicole vers son propre domicile avant l'arrivée des membres de la famille de Grossouvre déjà en route. Inutile de rajouter l'indélicatesse à la douleur en de pareilles circonstances. Pour plus de discrétion, nous pénétrons dans l'appartement par l'entrée de service. C'est évidemment une femme accablée qui s'écroule dans mes bras. Plus tard, elle m'apprend qu'en la quittant cet après-midi-là, « FDG » lui a confié : « Je m'en vais, je ne reviendrai pas. J'espère que tu te rappelleras les bons moments et que tu garderas un bon souvenir de moi. » Puis, il a refermé la porte. Assaillie par un terrible pressentiment, Nicole se précipite vers le tiroir de la commode renfermant habituellement le revolver de son compagnon : l'arme a disparu. Les heures passent. L'angoisse devient insurmontable. Aux alentours de 18 h 15-18 h 30, la jeune femme se résout à composer la ligne directe de M. de Grossouvre à l'Élysée. Il décroche. Elle le supplie de ne pas commettre l'irréparable. Il détourne la conversation vers des sujets anodins. Il ne l'entend déjà plus. Comme si, mentalement, le processus fatal de son passage à l'acte était entamé. À l'autre bout du fil, Nicole comprend que les dés sont jetés. En dépit de ses effroyables inquiétudes, elle sait, en son for intérieur, que nul ne peut s'opposer à la volonté d'un homme de la trempe de François de Grossouvre.

Dans une tentative désespérée, elle contacte Patrice grâce au téléphone installé dans la voiture. Le presse de monter au bureau. C'est ainsi que je le verrai débarquer précipitamment dans le vestibule.

Les quelques affaires personnelles dont elle dispose sont rassemblées assez rapidement. Le temps est compté. Pourtant, malgré sa peine immense et la brutalité des événements,

Nicole s'approche doucement de moi : « Daniel, voulez-vous garder un souvenir de François ? » Dans sa main tendue, une boîte à cachets finement ciselée que M. de Grossouvre, grand amateur d'objets anciens, avait acquise dans le cadre de ses nombreuses collections. Je ne puis encore aujourd'hui définir la valeur sentimentale que je porte à ce présent. Tant par la délicatesse qui l'a conduit jusqu'à moi, que par les souvenirs imprescriptibles qu'il véhicule. Douze années de respect et de fidélité réciproques concentrées dans un précieux coffret.

Après notre départ, la remise en ordre des lieux fut confiée, comme c'est l'usage, à une employée de l'Alma. On a parlé ici et là de « nettoyage », de « déménagement », y compris de « dissimulation », d'objets ou de documents soi-disant compromettants. Ces rumeurs n'engagent que ceux qui les distillent à des fins le plus souvent mercantiles. Leurs auteurs sans scrupule en ont fait leur fonds de commerce. Ils se reconnaîtront. Égrenant, pour certains, dans le rappel des faits, des zones d'ombre sournoisement orchestrées pour mettre en cause ma probité, et ma responsabilité, dans cette douloureuse affaire. Lors de mon interrogatoire par la police, j'ai évoqué la chute d'un bottin téléphonique pour décrire un son parvenu à mes oreilles ce soir-là. Attendant dans le vestibule, il m'a semblé déceler ce type de bruit sourd, de l'autre côté de la porte en cuir matelassé m'interdisant l'entrée du bureau. Là encore, d'aucuns ont cru bon de mettre en doute cette déclaration pour accréditer la thèse d'un assassinat au silencieux. Or tous les experts en balistique le confirmeront : une détonation d'un 357 Magnum ne ressemble en rien à une déflagration tonitruante. C'est la raison pour laquelle les gardes en faction avenue de Marigny, juste sous les fenêtres du bureau du conseiller spécial, n'ont rien entendu non plus. *A fortiori* dans le tumulte d'un trafic automobile saturé, les contraignant à quitter régulièrement leur poste pour arrêter la circulation à la hauteur du passage piéton menant au palais.

Seize années durant, j'ai observé mon devoir de réserve. Dicté par la seule volonté de laisser, enfin, M. de Grossouvre reposer en paix. Aujourd'hui, pour la première et la dernière fois, je veux profiter de cet ouvrage pour dire simplement à tous ces fins limiers des salons parisiens : ce 7 avril 1994, moi, j'étais là.

11

Et maintenant... ?

Étrange sentiment que celui qui m'étreint ce 30 juin 1995. En fin de journée, tous mes camarades se réuniront autour de moi pour refermer l'un des plus importants chapitres de ma vie : aujourd'hui, je quitte le GIGN. Six ans auparavant, mon ami Serge s'affairait sous mes quolibets autour de son propre buffet : « Ne te marre pas trop, Marcel, tu vas te retrouver à ma place bien plus rapidement que tu ne l'imagines ! » Comme sa mise en garde résonne cruellement ce matin-là ! Après quatorze ans de service, à l'aube de mes quarante-trois printemps, je prends place, à mon tour, sur la ligne de départ. Aussi, inspiré par une tentative chimérique de remonter le temps, je m'offre un ultime pèlerinage dans ce décor émaillé de tant de fragments de mon existence.

Le soleil se lève à peine lorsque je passe les grilles de la caserne de Versailles-Satory. Dans le calme d'un petit matin d'été, baigné par la lumière encore tendre d'une belle journée qui s'annonce. Pourtant, mon cœur est lourd. Dans quelques heures, j'abandonnerai une famille, une religion. Une vie. Arpentant les allées désertes, je respire encore une fois le parfum de l'aventure.

Tout naturellement, mes pas me portent vers le musée. Une enfilade de cloisons vitrées où s'amoncellent nombre de reliques hétéroclites, ravivant les exploits du groupe. Je m'attarde un instant devant un casque à la visière singulièrement étoilée. Souvenirs, souvenirs… Ce jour-là, je participais, en tant que chef de groupe, à l'arrestation d'un forcené. Juste avant le « top action », je remarquai que l'un de mes hommes avait omis de se protéger la tête. « Robert, ton casque ! » hurlai-je en sa direction. Deux minutes plus tard, une balle de fusil de chasse, calibre 16, se logeait dans sa visière…

Plus loin, quelques-unes des machettes saisies dans l'arsenal des rebelles calédoniens reposent dans leur écrin de verre. Même sous clé, difficile de se convaincre qu'elles sont désormais inoffensives. Chaque présentoir évoque un moment particulier. Comme autant d'hommages à ces gendarmes d'exception dont certains ont sacrifié leur vie. Leurs portraits trônent à quelques mètres de moi. Parmi eux, des camarades de promotion, Jean-Louis Maussion et Patrick Berteau. Leurs regards fiers, fixés pour l'éternité, me rappellent tour à tour une pensée, une anecdote. En croisant celui de Tonio, je ne peux m'empêcher de sourire. Ah ! Tonio Capoccello… Son charme de Rital au grand cœur, mais surtout sa bravoure et son dévouement nous ont fait fondre les uns après les autres.

Lors de notre première rencontre, j'officiais à Marigny, dans le cadre de la visite officielle d'un chef d'État étranger. J'avais pour mission de repérer d'éventuels tireurs d'élite derrière les fenêtres des immeubles alentour. Tonio, lui, appartenait à la compagnie des gardes républicains réquisitionnée pour le service d'honneur. Dans sa grande tenue de service, je le vis venir vers moi. Désireux d'intégrer le GIGN, il posa mille questions ; il souhaitait connaître tous les chemins susceptibles de le conduire à Satory. Son enthousiasme m'a ému. Ressuscitant du passé le jeune gendarme plein d'ardeur que j'avais été, venu accoster ce cher Guytou pour tenter de faire de son rêve une réalité. Quelques mois plus tard, Tonio réussit ses tests avec brio et intégra l'unité pour endosser, tout naturellement, le rôle du beau gosse de service. Un matin, lors d'un stage en montagne, nous le vîmes sortir de l'hôtel avec la panoplie parfaite du dévoreur de slaloms : Alberto Tomba n'avait qu'à bien se tenir ! L'illusion perdura jusqu'aux pistes, où, sans céder de sa prestance, notre ami négocia ses virages dans une position de chasse-neige encore non homologuée par la fédération française de ski… Cher Capoccello ! Il disparut lors d'un entraînement de plongée.

Je poursuis mon pèlerinage jusqu'au stand de tir. En m'engageant plus avant, d'autres souvenirs se bousculent. Et pour cause : dans ce sous-sol en béton, mis à notre entière disposition, nous n'effectuions pas moins de six mille tirs par an. De jour comme de nuit. Séance après séance, une fine pellicule de poudre venait recouvrir le sol. Jusqu'à l'inévitable séance de nettoyage du vendredi où, à grands renforts d'huile de coude, nous nous efforcions de réunir ces résidus volatiles pour les déverser dans de profonds containers, disposés à l'entrée du stand. Entrée, où, ce jour-là, se tenait justement notre ami Michel, sur le point de convoler en justes noces. Est-ce le trouble provoqué par l'imminence de l'événement qui lui fit perdre la tête ? Toujours est-il que, absorbé dans ses pensées, il prit malencontreusement notre poubelle pour un cendrier. L'explosion qui suivit se chargea de le ramener à la réalité ! Dans une épaisse fumée, des flammes surgirent du sol pour lui lécher avidement le visage. Fort heureusement, l'incident provoqua plus de peur que de mal. Seul dommage collatéral : devant le maire, notre jeune marié arbora, la semaine d'après, une jolie peau de serpent dont il dut taire les secrets de fabrication…

Me voici de retour au rez-de-chaussée, devant une porte en métal que j'ai poussée bien des fois, celle du gymnase. Ma seconde maison. Combien d'heures ai-je passé entre ses parpaings, lors d'interminables séances de musculation ? Quotidiennement nous venions y entretenir notre condition physique, lors de luttes au corps à corps ou de tête-à-tête avec la fonte. Un matin, l'un de nos instructeurs, champion de France de boxe, se risqua à nous perdre de vue. Sans mot dire, nous décidâmes de poursuivre l'entraînement, frappant dans la paume de nos mains afin de reproduire le bruit des coups. Nous venions d'inventer le concept du combat en play-back !

Le gymnase devenait également, au quotidien, le théâtre de parties de football acharnées, organisées à quatre contre quatre : un exutoire jubilatoire que nous n'aurions manqué pour rien au monde !

À lui aussi, je devrai renoncer. Me priver de ces rires en cascade qui, même lorsque nous étions à bout de souffle, savaient ressouder un groupe meurtri par la tragédie ordinaire d'une récente intervention. Des coups de gueule de Dédé, râleur impénitent et cible de nos railleries complices, au cœur de fougueux débats sur la probabilité d'un hors-jeu ou la justification d'un penalty. De mes compagnons de route Jeff, Serge, Renaud, Lionel, Jean-Luc et Patrick. En balayant du regard le terrain déserté, je revois également le commandant Philippe Legorjus venant mouiller le maillot avec ses hommes, loin des considérations hiérarchiques.

Comment le temps a-t-il pu filer si vite ? Hier encore, je me lançais à l'assaut de la tour d'entraînement, décor surréaliste de tant d'exaltations inédites. Ni vu ni connu, je ne peux renoncer à une ultime ascension. Comme téléguidé par des milliers d'heures d'exercices, je m'élance vers l'espalier pour gagner son sommet. J'entends encore le hurlement des turbines d'un hélicoptère chahuté par le vent qui venait s'y poser lors de l'entraînement. Du haut de ces vingt-cinq mètres, quatorze années de service me contemplent… Me reviennent à présent les descentes en rappel organisées, cinq années durant, en coopération avec le service communication d'Antenne 2 au profit du Téléthon ; le muscle au service de la maladie.

Dernier regard sur ce panorama imprenable. Au loin, la lisière de la vallée de Chevreuse se confond avec l'horizon. Plus jamais elle ne se livrera ainsi à mon regard embué. Fin de partie.

Tandis que je remonte le cours de mes souvenirs, la caserne de Versailles-Satory s'anime sous mes yeux. Traditionnellement, la journée du vendredi sacrifie au cérémonial du grand nettoyage hebdomadaire : véhicules, stand de tir… Rien n'échappe à nos supergendarmes métamorphosés en fées du logis. Semblable à une ruche hyperactive, la caserne fait peau neuve. Elle se prépare, le cas échéant, à la prochaine alerte. C'est la raison pour laquelle j'ai choisi précisément cette journée pour quitter le GI, pour faire mes adieux à la « famille » le plus discrètement possible. Je compte sur l'effervescence ambiante pour mieux dissimuler le vertigineux fossé qu'il me faudra franchir tout à l'heure, en passant de l'autre côté du mur. De part et d'autre, mes compagnons s'activent. Impossible de sombrer totalement dans la mélancolie ; sans le savoir les gendarmes du GIGN m'entourent une dernière fois.

Ultime étape de mon pèlerinage, la galerie de portraits affichés dans le couloir de l'entrée. Figés sur la pellicule suivant leur numéro de brevet, tous les membres ayant appartenu au groupe me dévisagent. Je les passe en revue un par un. Les vivants et les morts. Jusqu'au n° 54, le mien ! Que reste-t-il de la ferveur de ce petit brun au regard espiègle ?

Quatorze ans plus tard, j'ai la sensation qu'il n'a rien perdu de son enthousiasme. Pourtant, je sais qu'il me faut tourner la page. Si mon dynamisme me semble inaltéré, mon corps, lui, a souffert. Malgré la plénitude de mes quarante-trois ans, je ne suis plus en mesure de servir le groupe avec le même potentiel. Cruelle horloge biologique. Sournoise et redoutable. Je sais qu'elle peut me conduire à l'intervention de trop. Une obsession que tous les gendarmes de ma génération connaissent mais gardent secrète.

L'heure du buffet a sonné. Réunis en tenue d'intervention, la soixantaine de gaillards présents ce vendredi-là se pressent dans la salle de réunion. En vieux briscard, soucieux de maîtriser mon émotivité, j'ai pris soin de confier un exemplaire de mon discours à l'un de mes camarades. Au cas où d'insurmontables trémolos menaceraient de faire tressaillir ma voix. Pour être gendarme, on n'en est pas moins homme ! Bouleversé mais heureux, j'ai pu contenir la petite larme redoutée, et terminer mon allocution au sec. Enfin, presque… Car, selon la tradition, mes camarades m'arrosèrent copieusement au champagne, dans une explosion de rires et de larmes qui abaissèrent définitivement les derniers remparts de mes émotions. Avant d'atterrir, comme c'est également l'usage, dans l'abreuvoir de nos compagnons à quatre pattes, chaque fois plus circonspects devant nos blagues de potaches…

La fête se poursuit jusqu'en début de soirée. Entouré des fidèles entre les fidèles, je tourne et retourne les pages de ma carrière, faisant resurgir du passé des anecdotes jusque-là endormies. Puis, essuyant jusqu'à la dernière minute les taquineries de mes frères d'armes – pudeur, quand tu nous tiens… –, je me retourne une dernière fois en franchissant les grilles : « Ne vous en faites pas, les gars, bientôt, vous serez à ma place ! »

Généralement, les anciens du GIGN se reconvertissent dans le privé, accueillis à bras ouverts par les dirigeants des sociétés de sécurité. Pour ma part, enfant de la gendarmerie depuis près de vingt ans, je ne ressens aucune envie de couper le cordon. Aussi, avant de quitter l'unité, ai-je pris soin de décrocher mes galons de major, en réussissant un concours interne. Bien avant la fin de mon aventure au GIGN, les voies de ma reconversion se dessinaient de plus en plus nettement.

Après une vie de nomade, j'ai manifesté le désir de me sédentariser. Si possible sous les dorures la République ! Ma mission auprès de François de Grossouvre m'avait permis d'observer au plus près le travail des gardes républicains. Dévolus aux services d'honneur et à la sécurité des palais nationaux, ils m'offraient le double avantage de continuer de servir mon pays tout en revêtant les habits les plus prestigieux de la représentation militaire. Que pouvais-je espérer de mieux ? Mon statut de major m'ouvrant la porte du corps des officiers, il n'y avait plus qu'à frapper… C'est ainsi que le Sénat et l'Assemblée nationale m'accueillirent en leur sein, dans mon uniforme flambant neuf de garde républicain. J'étais en effet chargé d'assurer la sécurité de ces lieux.

Un vendredi matin, après vingt-quatre heures de service non-stop au palais du Luxembourg, un certain André D. – Dédé pour les intimes – me téléphone. Chef du détachement du cabinet du ministre de la Défense, il me surprend juste avant de me glisser :

« Salut, Daniel, j'ai une proposition à te faire. Je m'apprête à quitter mon poste, est-ce que ça t'intéresse ?

– Pourquoi pas ? On en reparle lundi ?

– Pas question ! Le colonel Puyou t'attend dès aujourd'hui dans son bureau à 16 heures. »

Henri-Charles Puyou exerce au grade de colonel adjoint gendarmerie du cabinet militaire, auprès du ministre de la Défense. Suite au départ de mon ami André, il recherche un nouveau chef de détachement. En d'autres termes, un officier capable d'assurer, H 24, la sécurité de l'hôtel de Brienne !

À 16 heures tapantes, je me présente au secrétariat. Le poste requérant une tenue civile, j'ai puisé dans ma garde-robe un costume à l'élégance sûre mais discrète. M'inspirant des leçons dispensées par M. de Grossouvre, jamais bien loin dans mes pensées. L'adjudant-chef secrétaire m'accueille par une franche poignée de main. La vibration des lieux m'inspire un sentiment familier. Sous les moulures de cet hôtel particulier du XVIIIe, je sens tout de suite des affinités avec le personnel. Sans nul doute, nous partageons le même langage. Le même ADN professionnel.

« Major Cerdan, à vos ordres, mon colonel !

– Asseyez-vous. Si vous le permettez, le major D. assistera à notre entretien. »

C'est un homme aux tempes grisonnantes et aux traits réguliers qui m'ouvre lui-même sa porte. Avant de me dévisager de la tête aux pieds. Informé de mes états de service, il semble curieux de faire plus ample connaissance. La conversation se poursuit à bâtons rompus.

Outre la protection du ministère et la prise en charge de soixante-dix personnes, ma nouvelle mission consiste – si je l'accepte… – à gérer la visite des homologues étrangers du ministre de la Défense, avec la sécurité et les honneurs dus à leur rang. En d'autres termes, valoriser l'armée française, au rythme des partitions interprétées par le fleuron de la musique militaire : les gendarmes de la garde républicaine.

« Cerdan, vous réfléchissez. Vous me rappelez.

– C'est tout réfléchi, mon colonel ! »

J'accepte ce nouveau cadeau du ciel ; les rêves de l'ancien gamin de Vallauris se réalisent. Encore et encore. Jadis figés dans leurs habits de plomb, des détachements en grande tenue se déploieront désormais sous mon commandement. En quittant ce jour-là le ministère de la Défense, je sais qu'il y aura une vie après le GIGN. L'aventure continue.

Remerciements

Mes remerciements vont au préfet Christian Prouteau, créateur du GIGN, ainsi qu'aux commandants d'unités Barril, Masselin, Legorjus, Chesneau et Favier, qui se sont succédé et ont permis de maintenir le niveau opérationnel de l'unité, ainsi qu'à tous les gendarmes, militaires et personnels civils des ministères côtoyés durant mes trente-six années de service.

Table des matières

Photocomposition Nord Compo
Villeneuve-d'Ascq (Nord)

Impression réalisée par

La Flèche

pour le compte des Éditions Calmann-Lévy
31, rue de Fleurus 75006 Paris
en septembre 2010

Imprimé en France
Dépôt légal : octobre 2010
N° d'éditeur : 15011/02 – N° d'impression : 60322